Tajine & Co.

Unser Verlagsprogramm finden Sie unter
www.christian-verlag.de

Produktmanagement: Anja Ashauer-Schupp
Text und Rezepte: Jochen Walter
Foodfotografie: Christian Verlag GmbH
Fotos Seite 8, 10 unten links, 17, 18, 19 unten u. links oben, 20 oben, 63, 89, 100, 105, 107, 109, 118, 132/133, 140/141, 153, 168/169: Dr. Andreas Fischer, www. reisefotostorys.de
Fotos Seite 7, 10 oben, Mitte u. unten rechts, 12, 13 oben rechts u. unten, 14, 15 oben, 19 oben rechts, 20 unten, 23 oben, 24 oben links, 28 oben u. unten links: Jochen Walter

Textredaktion: Anja Ashauer-Schupp
Korrektur: Petra Tröger
Layout, Satz und Umschlaggestaltung: griesbeckdesign, München
Herstellung: Bettina Schippel
Repro: Repro Ludwig, Zell am See

Printed in Slovenia by Korotan.

Die Deutsche Nationalbibliothek verzeichnet diese Publikation in der Deutschen Nationalbibliografie; detaillierte bibliografische Daten sind im Internet über http://dnb.d-nb.de abrufbar

4. Auflage 2013

ISBN 978-3-86244-008-5

Christian Verlag
Postfach 400209
80702 München
E-Mail: lektorat@verlagshaus.de

JOCHEN WALTER

Tajine & Co.

100 Rezepte aus dem orientalischen Lehmtopf

CHRISTIAN

Inhalt

Rind, Lamm & Wild

Fisch

Desserts

Vorwort

Federnd, beinahe wie Holz oder Pappkarton – so fühlte sich der gewässerte Deckel an, als ich dagegen klopfte und den Lehmtopf aus Marokko zum ersten Mal kennen lernte. *Meine Kochkünste* beschränkten sich damals, mit 23 Jahren, auf die üblichen Variationen von Suppen, Wok-Gemüse und Nudeln mit Tomatensauce. Ich lebte in einer Wohngemeinschaft auf einem Bauernhof im Allgäu. Ein Mitbewohner besaß eine Tajine und sie begann, so nach und nach die Metalltöpfe zu verdrängen. *»Abwarten statt umrühren«* ist ein gutes Lebensmotto für Männer-WGs – und das beste Argument für eine Tajine!

Bei meinen Besuchen in Marokko lernte ich dann die Feinheiten kennen: *Kochen mit Trockenfrüchten und Gewürzen* wie *Ras el Hanout* und *Harissa*. Anders als der typische Marokkaner aß und esse ich aber wenig Fleisch, schon der schlechten Ökobilanz wegen. Der bayerische Schmorbraten fand zwar irgendwann auch Platz in meiner Tajine, aber lieber experimentierte ich mit *Artischocken, Kürbis und Topinambur*. Sogar in Brasilien war mein Lieblingstopf dabei! Ich kochte Moqueca, ein Gericht der Indios und Afrikaner. Den Topf habe ich dort verschenkt, aber die Idee eines *globalen Kochtopfs* nahm ich mit.

So einfach ist diese Geschichte – so einfach wie die Tajine. Es scheint, als ob sie mich durch mein Leben begleitet, und ich bin froh, dass ich inzwischen dank dieses Kochtopfs viel Schmackhaftes zuzubereiten vermag.

Viel Spaß mit Ihrer Tajine wünscht Ihnen
Ihr Jochen Walter

Auch die längste Reise
beginnt mit dem ersten Schritt.
Wenn du den Gipfel
eines Berges erreichst,
dann klettere einfach weiter.

orientalische Weisheit

طاجين

Aus den Bergen Marokkos kommt der Lehm für die Tajinen, der von Töpfern fachkundig geformt und dann bei niedrigen Temperaturen gebrannt wird.

Ein Kochgeschirr mit Charakter

Tajine bezeichnet in Marokko ein sehr verbreitetes *Eintopfgericht*, das in den *Studentenkneipen von Marrakesch* ebenso gern gegessen wird wie in den *Restaurants* von Casablanca. Man kennt es mit Gemüse und Fleisch oder auch in süßen Varianten mit Pflaumen, Datteln, Sesam oder Mandeln. Und da der Topf zum Gericht gehört, trägt er denselben Namen.

Die Tajine ist seit Jahrtausenden – der älteste Fund wird in einem Londoner Museum auf 3000 v. Chr. datiert – der Kochtopf der Nomaden. Sie ist als Kochgeschirr ebenso vielseitig und flexibel wie Marokko als Land. Traditionell und modern gleichzeitig vereint das Land in sich nomadische und islamische Traditionen mit der aus der französischen Kolonialzeit stammenden industriellen Moderne. Ebenso traditionell wie modern ist auch die Tajine. Sie transportiert älteste Töpfer- und Kochtradition in die technisch ausgerüstete Küche des heutigen Europa.

Ein Topf für alle Herdarten

Hergestellt wird die klassische Tajine auch heute noch nach überlieferter Tradition, mitunter von den Köchinnen selbst für den Eigenbedarf – oder auch von handwerklich arbeitenden Töpfern, die sie zum Verkauf anbieten. Es wird lediglich reine Lehmerde verwendet und bei niedriger Temperatur gebrannt. Das macht die Tajine im Gegensatz zu Tongeschirr elastisch. Jede Tajine ist ein Einzelstück, daher erklären sich die leichten Abweichungen in Form und Farbe. Und auch die Herkunft des Topfes spielt eine Rolle: der kegelig spitz zulaufende Tajinedeckel hat einen arabischen Hintergrund, während die halbkugeligen Formen von den Berbern stammen. Die Töpfe kommen aus einer Region, die reine Lehmerde in optimaler Zusammensetzung liefert. Sie ist frei von Schwermetallen, hat einen geringen Tonanteil, dafür viel Schamotte und Quarzsand. Daraus ergibt sich eine niedrige Brenntemperatur, das Material bleibt elastisch und bei allen Temperaturen spannungsfrei. Deshalb ist die Tajine für alle Herdarten geeignet. Dies unterscheidet sie vom industriell hergestellten Römertopf und anderem Geschirr aus herkömmlichem Ton, das bei hoher Temperatur gebrannt wird und daher hart und unter Umständen auch spröde und empfindlich werden kann.

An moderne Bedürfnisse angepasst

Regionen, die die Erde in der optimalen Zusammensetzung liefern, findet man in den Gebirgsketten Marokkos, dem Rifatlas, dem Mittleren und Hohen Atlas und dem Antiatlas. Dort haben sich Töpferhochburgen gebildet, in denen Tajinen gemacht werden. Sie alle unterscheiden sich ein wenig in Farbe und Aussehen, da der Lehm je nach Region unterschiedliche Farben aufweist, aber ihre Gebrauchseigenschaften sind gleich. Die Töpfer in den marokkanischen Bergen fertigen die Tajine mit ihren Händen an einer Töpferscheibe, die – obwohl für alle Gerichte geeignet – in erster Linie ein Fleischtopf ist. In ihrem Ursprungsland können die Topfböden uneben sein, weil eine Tajine auf dem Feuer, einem Holzkohlen-Stövchen oder auf einem Gaskocher steht und man so in ihr das Fleisch von Ziege, Lamm,

Hammel und Rind immer scharf anbraten kann. Unsere Elektroherde benötigen aber für ein optimales Kochergebnis einen ebenen Boden. Darauf achten nun die Alten, die die Töpfe in Handarbeit herstellen, bevor diese mit Eseln in die Ebene getragen werden. Die Tajinen kommen mit ebenem Boden bei uns an und sind geeignet für die modernsten Kochfelder.

Traditionell und naturbelassen oder glasiert?

Neben der traditionell hergestellten Tajine bieten einige Hersteller mittlerweile auch glasierte Tajinen an, bei denen sich aber natürlich nicht dieses besondere Aroma wie bei naturbelassenen Lehmtöpfen entwickeln kann. Denn durch den Vorgang der Wärmeleitung überträgt das naturbelassene Kochgeschirr seinen Charakter in gewisser Weise auch auf die Speisen. Lehmerde ist ein weiches, mildes Material – anders als Metall mit seinen harten, hitzigen Eigenschaften. Eine mehr esoterische Sichtweise würde Metall mit Mars und seiner auf die schnelle Tat und Befriedigung gerichtete Dynamik assoziieren, Lehmerde hingegen mit Venus und ihrem auf Harmonie und Genuss gerichteten Lebensgefühl. Deshalb: Rechnen Sie mit einem neuen Geschmackserlebnis, wenn Sie ein Ihnen bekanntes Gericht in der traditonellen Tajine zubereiten! Glasierte Tajinen mögen vielleicht auf den ersten Blick dekorativer wirken und sind auch leichter zu reinigen, jedoch sind solche Glasuren häufig stoßanfälliger und die Töpfe werden mit der Zeit unansehnlich, wo eine naturbelassene Tajine bei häufigem Gebrauch immer schöner wird.

Esel tragen die Tajinen, die in den Bergen Marokkos gefertigt werden, in die Ebene.

Vorbereitung – Das Einkochen

Damit Sie von Anfang an viel Freude an Ihrem neuen Topf haben, müssen Sie Ihre unbehandelte Tajine für das Kochen vorbereiten. Im noch unbenutzten Zustand ist die nicht glasierte Oberfläche porös und saugfähig. Vor dem ersten Gebrauch wird die Tajine mindestens 3 Stunden in Wasser eingelegt. Danach reiben Sie den inneren Topfboden großzügig mit Sesam- oder Olivenöl ein. In diesem Zustand gehen Sie auf Ihrem Herd schrittweise auf die höchste Stufe und braten entweder Kartoffeln, Zwiebeln oder Salz unter gleichmäßigem Wenden 20 Minuten in der Tajine scharf an. Sie können auch mit Thymian, Gewürzen und anderen Kräutern Ihre Lieblingsaromen bestimmen. So wird die Oberfläche versiegelt und Sie erhalten die erste Patina als natürliche Antihaftbeschichtung.

Benutzung

Vor jeglichem Gebrauch muss die traditionelle Tajine 10 Minuten gewässert werden. Denn das Wasser wird nicht nur während des Kochens in den Garraum abgegeben, sondern es sättigt auch die Poren des Lehmtopfs und so werden die Aromen und Öle der Zutaten nicht mehr von der Tajine absorbiert. Zum Garen wird grundsätzlich Flüssigkeit benötigt. Dies erreichen Sie durch wasserhaltige Lebensmittel oder durch Zugabe einer

Eine naturbelassene Tajine muss vor jedem Gebrauch gewässert werden. Das sättigt die Poren, sodass Aromen und Öle nicht mehr eindringen können. Bei regelmäßigem Gebrauch wird eine Tajine mit der Zeit immer schöner!

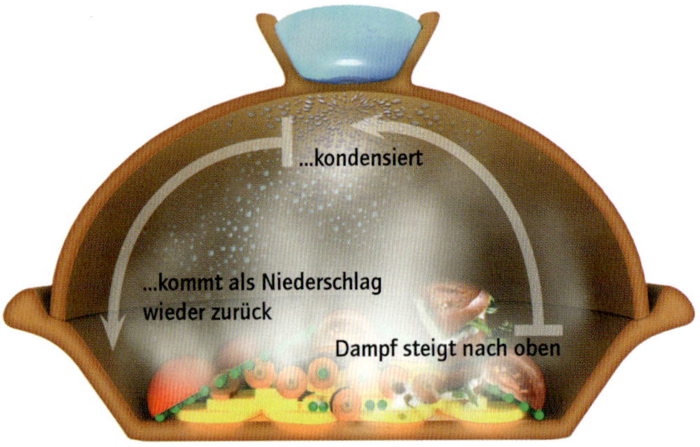

Sobald der Deckel aufgelegt ist, wird die Dampfsperre, die Mulde auf dem Deckel, mit kaltem Wasser gefüllt. Nach etwa 10 Minuten Garzeit entwickelt sich in der Tajine Dampf, der nach oben steigt und kondensiert.

Tasse Flüssigkeit, beispielsweise Wasser, Brühe oder Wein. Sollte in der Tajine einmal etwas anbrennen, legt man bei der nächsten Benutzung zuunterst eine Schicht Zwiebeln oder Tomaten in den Lehmtopf. Zudem sollte man dann auch öfter kontrollieren, ob die Flüssigkeit im Topf ausreicht und ob die Temperatur am Herd nicht eventuell zu hoch ist. Der Garprozess in der Tajine verläuft von innen nach außen. Zutaten mit längerer Garzeit werden deshalb in der Mitte und solche mit kürzerer Gardauer (beispielsweise Tomaten) unten und oben aufgeschichtet. Sobald die Tajine geschlossen ist, wird die Dampfsperre am Deckel mit kaltem Wasser gefüllt. Eine gleichmäßige und optimale Wärmeverteilung findet statt, wenn nach etwa 10 Minuten (bei mittlerer bis starker Hitze auf dem Kochfeld) die Feuchtigkeit in der Tajine stark dampft. Zum Anbraten von Zutaten schalten Sie den Herd auf starke Hitze und verwenden den Boden der Tajine wie eine Pfanne. Die Gesamtgardauer in der Tajine beträgt etwa 10 Minuten Aufwärmzeit plus die normale Garzeit der härtesten Zutat. Wer auf einem Ceranfeld kocht, wird vielleicht beobachten, dass es rund um die Tajine herum qualmt. Man kann dies reduzieren, indem man den Lehmtopf vor der Benutzung mit einem Küchentuch von außen trocken reibt. In der Regel lässt das Qualmen nach einigen Kochvorgängen nach oder hört ganz auf.

Die Vorbereitung der Zutaten

- Gemüse und Früchte putzen oder schälen, waschen und in mundgerechte Stücke schneiden.
- Nusskerne und Trockenfrüchte nach Belieben zerkleinern.
- Hülsenfrüchte wie Kichererbsen und Getreide über Nacht in Wasser einweichen, Reis, Couscous, Bulgur, Quinoa usw. 20–30 Minuten.
- Tofu, Rind, Lamm und Wild können Sie zuerst mit Gewürzen in Pflanzenöl bei hoher Temperatur anbraten, dann herausnehmen, klein schneiden und mit den übrigen Zutaten aufschichten. So erzielen Sie das für manche Speisen wichtige, besondere Brataroma.
- Puten- und Hähnchenfleisch sowie Fisch klein schneiden und roh auf das Gemüse legen.

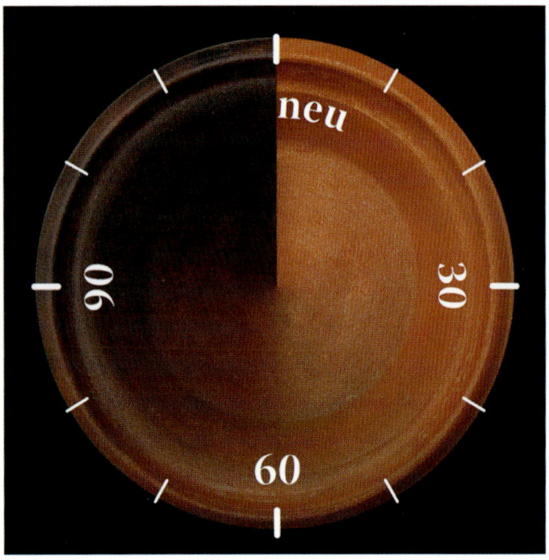

Mit der Zeit bildet sich eine Patina auf der naturbelassenen Tajine. Sollte sich einmal ein kleiner Haarriss zeigen, so kann dieser mit einem Brei aus zwei Dritteln Mehl und einem Drittel Wasser eingerieben und während des Kochvorgangs mit einer Kartoffelscheibe bedeckt werden. So verschließt er sich wieder.

Kochen in der Tajine ist kinderleicht und macht Spaß. Bei der Auswahl der Zutaten kann man sich ganz von seinen persönlichen Vorlieben leiten lassen. Und der Lehmtopf wird bei Weitem nicht so heiß wie herkömmliches Kochgeschirr aus Metall, sodass man sich nicht so leicht verbrennt.

- Verfeinernde Zutaten wie Sahne, Sauerrahm, Käse, Wein, Kokosmilch, Eier und Saucen 5 Minuten vor Ende der Garzeit in den Topf geben.
- Gewürze und Salz können Sie sparsam verwenden, denn die Tajine bringt den Eigengeschmack der Zutaten in besonderer Weise zur Geltung.

Kochstellen

Tajinen mit planem Boden können auf allen Herdarten, im Backofen und in der direkten Flamme verwendet werden. Für Induktionsherde benötigt man eine Kontakt- oder Adapterplatte. Der Lehm sorgt als guter Wärmespeicher für eine gleichmäßige Hitzeverteilung und ermöglicht es, Zutaten im eigenen Saft schonend zu garen. Dadurch bleiben Nährstoffe und Eigengeschmack eines Lebensmittels bestmöglich erhalten. Eine traditionelle, unglasierte Tajine ist eines der wenigen Küchengeräte, die aufgrund der Patinabildung durch den Gebrauch ihre Eigenschaften verbessert und immer schöner wird.

Pflege

Die Tajine mit Bürste oder Metallkratzer in klarem, warmem Wasser ohne Zugabe von Spülmittel oder anderen chemischen Reinigungsmitteln reinigen. Zum gelegentlichen Neutralisieren kann man eine Zitrone, etwas Essig oder Alkohol verwenden. Dadurch, dass der Topf vor jedem Gebrauch gewässert wird, nimmt er gar nicht oder nur schwach das Aroma der zubereiteten Speise an. Lediglich wenn man nach dem Fisch ein Dessert zubereiten möchte, empfiehlt sich das vorherige Neutralisieren. Die Tajine sollte immer trocken und luftig gelagert werden.

Das Reinigen ist denkbar einfach: Man benötigt nur klares, warmes Wasser und eine Bürste oder einen Metallkratzer.

Marokko – die Heimat der Tajine

Durch Steppe und Wüste tragen die *Nomaden Nordafrikas* die Tajine mit sich. Für sie ist dieses Kochgeschirr nichts weiter als ein »Topf«, so die Übersetzung. Sie schichten *verschiedene Zutaten* einfach darin auf und warten, dass sie weich und gar werden. Das *fertige Essen* ist dann von so *zarter Beschaffenheit* und *mildem Geschmack*, dass dieser archaische Lehmtopf Einzug in die topmodernen *Küchen Europas* gehalten hat. Die Tajine ist uralt – und wird doch immer wieder neu entdeckt.

Land und Leute

Wer Marokko als Reisender betritt, erlebt *ein buntes, faszinierendes Land,* dessen *aromenreiche Küche* verzaubert. Die Menschen sind gastfreundlich und laden Besucher ein, an ihrer Tafel Platz zu nehmen, wo der Hausherr zum Auftakt des Mahls das Brot bricht und herumreicht.

Marokko ist ein Land von großer Vielfalt, wilder Schönheit und extremen Gegensätzen. Klimatisch, landschaftlich, kulturell und sozial liegen Welten zwischen den modernen Städten wie Casablanca und Rabat an der Atlantikküste, in denen sich das Leben kaum von dem in westlichen Ländern unterscheidet, und den kleineren Städten im südlichen Hinterland, die sich ihren mittelalterlichen Charme bewahrt haben. Auf dem Lande haben sich Sitten und Gebräuche über Jahrhunderte erhalten. Obwohl Marokko durch die Straße von Gibraltar nur etwa 18 Kilometer von Europa getrennt ist, fühlt man sich beim Betreten des afrikanischen Landes, als mache man einen Zeitsprung in die Vergangenheit.

Mit Kamelen, Eseln und Lebensmitteln wird auf den Märkten gehandelt, die einmal wöchentlich stattfinden. Viele Ortschaften haben den Namen eines Wochentags, an dem der Markt stattfindet.

Die Welt der Märkte und Basare

Die überwältigende Vielfalt der Farben, Aromen, Düfte und Klänge spürt man besonders auf den Basaren und Souks, den Märkten. Gewürzhändler, Gemüsebauern, Zuckerbäcker, Fleischer, Fischhändler und viele andere bieten hier alle erdenklichen Produkte und Lebensmittel feil. An jeder Ecke werden von kleinen Wagen und Garküchen Köstlichkeiten für den Hunger zwischendurch angeboten. Suppen, gefüllte und knusprige Teigtaschen, geröstete Maiskolben, frisch gepresste Fruchtsäfte, Trockenfrüchte, Nüsse, Grillspieße und Gerichte aus der Tajine, die dort oft auf kleinen Holzkohlestövchen, *meschmar* genannt, gegart werden.
Eine große Anziehungskraft geht von den schmalen, an ein Labyrinth erinnernden Gassen der vier

Königsstädte Marrakesch, Fes, Meknes und Rabat aus. In den engen Gassen der Medina (Altstadt) findet man viele Handwerker, die aus ihren kleinen Werkstätten heraus ihre Erzeugnisse zum Verkauf anbieten.

Verführerische Geschmacksvielfalt

Die Küche von Marokko ist eine Schatztruhe voller Überraschungen. Wer den kulinarischen Reichtümern zum ersten Mal begegnet, ist begeistert. Feine Gewürze, unerwartete Aromenkombi-

Auf der Reise vom Norden in den Süden des Landes kommt man immer wieder an Hochburgen der Tajine-Herstellung vorbei – der Lehmkochtopf ist in dem afrikanischen Land allgegenwärtig.

Traditionell isst man in Marokko gemeinsam aus einer Tajine, und zwar nicht mit Besteck, sondern mit den Fingern. Häufig verwendet man das Brot, um damit zu essen und Saucen aufzusaugen.

nationen und die Liebe zum Detail führen zu unwiderstehlichen Genüssen. An Gemüse wird alles verwendet, was die Felder hergeben. Von Tomaten über Okraschoten bis hin zu Artischocken und Kürbissen reicht das Angebot, das ganzjährig frisch zur Verfügung steht. Meistens werden verschiedene Gemüsesorten miteinander gemischt, in der Tajine in etwas Olivenöl angeschmort und mit frischen Kräutern und Gewürzen verfeinert. Häufig kommen – je nach Region – Fleischstückchen, Kartoffeln, Fischfilets, Meeresfrüchte, Kichererbsen oder andere Hülsenfrüchte hinzu. Für Obstliebhaber ist der Maghreb (arabisch für »Westen«) ebenfalls ein Paradies. In den Oasen an den Wasserreservoirs gedeihen unter anderem Datteln, Feigen, Pfirsiche, Orangen, Aprikosen, Melonen, Tamarinden, Trauben, Quitten und Granatäpfel.

Begegnung von Menschen und Kulturen

Alle Voraussetzungen für eine große Küchenkultur werden in Marokko mehr als erfüllt. An Mittelmeer und Atlantik gelegen, schöpft das Land seinen Reichtum aus einer langen und bewegten Geschichte und vielfältigen Einflüssen. Verschiedene Völker haben im Laufe der Jahrhunderte Handel mit dem Königreich betrieben oder das Land sogar erobert. Sie hinterließen vielerorts ihre Spuren in Kunst, Architektur und Küche. Von den ersten Siedlungen der Berber mit ihrer Bindung zur Familie, über die Ankunft der Araber, dann der Andalusier, der aus Spanien vertriebenen Juden und der Franzosen bis hin zum Einfluss der Osmanen. Die ethnische Vielfalt des Landes und die kulinarischen Anleihen und Produkte aus den verschiedenen Kontinenten haben dazu beigetragen, dass die Spezialitäten Marokkos zur Weltklasse gezählt werden.

Bismillah und Halal

Bismillah – im Namen Gottes – sagt man in Marokko und anderen muslimischen Ländern anstelle von guten Appetit und dankt damit Allah vor Beginn jeder Mahlzeit. Diesen Dank spricht man auch aus, wenn man alleine speist, und ebenfalls bei Gelegenheiten, in denen einem etwas Gutes widerfährt. Man wünscht sich also nicht nur gegenseitig einen guten Appetit, sondern zeigt Gott zugleich vor jeder gemeinsamen Mahlzeit seine Ehrerbietung.

Halal bezeichnet im Islam alle Dinge und Taten, die nach islamischem Recht erlaubt oder zulässig sind. Die Speisevorschriften sind im Koran geregelt. Grundsätzlich gilt, dass alle Speisen erlaubt sind, mit Ausnahme solcher, die ausdrücklich verboten wurden. Einem Muslim ist der Genuss von Blut, Alkohol und Schweinefleisch verboten. Es dürfen nur Tiere gegessen werden, die nach Vorschrift rituell geschlachtet wurden und nicht verendet sind. So wie Speisen im Judentum koscher sein müssen, verlangen die meisten islamischen Autoritäten auch von Muslimen die Schächtung von Tieren, mit der das rückstandslose Ausbluten des Tieres gewährleistet werden soll: Der Schlachter spricht ein Gebet und schneidet dem Tier blitzschnell die Kehle durch. Verzehrt werden, vor allem in ländlicheren Gegenden, die Tiere, die auf dem Land der Familie leben. Jedoch kommt Fleisch längst nicht jeden Tag in großen Mengen und in der Regel in Kombination mit Obst oder Gemüse auf den Tisch, was einen besonderen Reiz der marokkanischen Küche ausmacht.

Tanz und Musik des Landes

Auch der Tanz und die Musik des Landes vereinen sich mit einer sehr langen Tradition – in der *gnawa*. Die Gnawa-Musik stammt ursprünglich aus dem Senegal, aus Mali, dem Sudan und Ghana und gelangte dann schließlich in den Norden Marokkos. Sie wurde damals von schwarzen Sklaven mitgebracht, die mit Musik, Tanz und anderen Ritualen böse Geister vertrieben und andere angerufen haben. Die ekstatischen Tänze haben eine Ähnlichkeit zur Voodoo-Kultur oder zum Capoeira. Alljährlich im Sommer treffen sich die Besten zu einem großen Festival in Essouira.

Ras el Hanout

Von dieser für Nordafrika typischen Würzmischung geht eine ganz besondere Faszination aus, denn sie besteht aus bis zu 20 – und teilweise sogar mehr – Gewürzen. Nicht umsonst heißt sie wörtlich übersetzt »Das Beste des Ladens«.

ZUBEREITUNG: 5 MINUTEN

Zutaten

1 TL gemahlener Zimt
1 TL Kurkuma
10 schwarze Pfefferkörner
¼ TL frisch geriebene Muskatnuss
6 Kardamomsamen
2 Gewürznelken
1 TL Ingwerpulver

Sämtliche Zutaten in einen Mörser geben und darin fein zerreiben. Die Gewürzmischung in einem dicht schließenden Gefäß kühl und dunkel aufbewahren.

▮ Schon gewusst? *Jeder Haushalt hat seine eigene Lieblings-Gewürzmischung. Zusätzlich zu den Grundzutaten können beispielsweise auch Kümmel, Orangen- und Rosenblüten, Chilischoten, Koriander, Bockshornklee, Piment oder Lavendelblüten enthalten sein.*

▮ TIPP: *Die oben genannten Zutaten ergeben eine kleine Menge, die Sie relativ schnell verbrauchen können, da die gemahlenen Gewürze bei längerer Lagerung an Aroma verlieren.*

Schlangenbrot

Schlangenbrote gehören zu einem Tajine-Essen auf offenem Feuer einfach dazu.

ZUBEREITUNG: 20 MINUTEN
TEIGRUHE: 2 STUNDEN 10 MINUTEN

Zutaten

500 g Dinkelmehl | 20 g frische Hefe
etwa 300 ml lauwarmes Wasser
½ TL Salz | ½ TL gemahlener Koriander
1 EL Olivenöl

Das Mehl in eine Schüssel geben und in die Mitte eine Mulde drücken. Die Hefe in die Mulde krümeln, etwas lauwarmes Wasser dazugießen und die Hefe unter vorsichtigem Rühren mit etwas Mehl in dem Wasser auflösen. Den Vorteig etwa 10 Minuten stehen lassen, bis er Blasen wirft.

Das Salz, den Koriander und das Olivenöl zu dem Mehl und der Hefe in die Schüssel geben und alles mit dem restlichen Wasser zu einem geschmeidigen Teig verarbeiten. Zugedeckt an einem warmen Ort 1 Stunde gehen lassen. Nochmals gut durchkneten und 1 weitere Stunde gehen lassen.

Aus dem Teig lange Würste formen, diese um einen Stock wickeln und über der Holzfeuerglut backen. Je dünner der Teig, desto schneller ist das Schlangenbrot fertig.

▮ VARIANTE: *Der gleiche Teig kann auch in der Tajine zu einem Brot gebacken werden. Dazu die gewässerte Tajine mit etwas Öl einreiben. Den zweimal gegangenen Teig zu einem runden Laib formen und in die Tajine legen. Den Deckel aufsetzen, die Dampfsperre mit Wasser füllen und das Brot bei 200 °C 50 Minuten im Ofen backen, die letzten 10 Minuten ohne Deckel.*

Afrikanische Chermoula

Dies ist eine Marinade und Gewürzpaste für Fisch und Fleischgerichte. Ganze Fische lassen sich damit füllen, Fischstücke, Lamm, Rind und Hähnchen damit einstreichen.

ZUBEREITUNG: 10 MINUTEN

Zutaten

5 Knoblauchzehen
½ Bund Koriandergrün
½ Bund glatte Petersilie
1 TL gemahlener Kreuzkümmel
1 TL Paprikapulver | Saft von ½ Zitrone
4 EL Olivenöl | Salz
Pfeffer, frisch gemahlen

Die Knoblauchzehen schälen und fein hacken. Koriandergrün und Petersilie waschen und trocken schütteln. Die Blätter von den Stielen zupfen und fein hacken.

Sämtliche Zutaten für die Chermoula gründlich vermischen und die Würzpaste mit Salz und Pfeffer abschmecken.

VARIANTEN: *Für Chermoula gibt es viele verschiedene Rezepte. Probieren Sie auch einmal eine aus ½ Zwiebel, 1–2 cm Ingwer, ½ TL gemahlenem Zimt und 1 EL Trockenfrüchten (beispielsweise Rosinen).*
Oder bereiten Sie eine Würzpaste aus 1 TL Kurkuma, 2 EL Korianderblättern, 1 TL edelsüßem Paprikapulver und 2 Knoblauchzehen zu.
Pikant, würzig schmeckt die Variante aus 1 TL Kreuzkümmel, 1 TL Kurkuma und ½ TL gemahlenen roten Pfefferkörnern.
Die Zutaten für jede dieser Mischungen fein zerkleinern und mischen, mit Olivenöl anrühren und mit Salz und Pfeffer abschmecken.

Ob in der Lobby eines Hotels, vor der Hütte eines Ziegenhirten oder beim geselligen Beisammensein mit Freunden – Grüner Tee mit Minze darf nicht fehlen und wird den ganzen Tag über getrunken.

Eingelegte Zitronen geben einer Reihe von Gerichten, pikantem Gebäck und sogar Salaten einen angenehm erfrischenden und leicht säuerlichen Geschmack. Man kann dieses einzigartige marokkanische Würzmittel durch nichts ersetzen.

Eingelegte Zitronen

Da die Zitronen in Salz eingelegt werden, kann man in der Regel auf das Salzen des Gerichts, in dem sie Verwendung finden, verzichten.

MARINIEREN: 3–4 WOCHEN
ZUBEREITUNG: 30 MINUTEN
HALTBARKEIT: MIND. 3 MONATE

Zutaten

8–12 Biozitronen (möglichst dünnschalig)
Grobes Meersalz | Saft von 1–2 Zitronen

Die Zitronen unter fließendem kaltem Wasser gründlich abbürsten und mit Küchenpapier abtrocknen. Danach senkrecht vierteln, aber nicht ganz durchschneiden, sodass die Zitronen am unteren Ende noch zusammenhängen.

Die Zitronenviertel etwas auseinanderziehen und das Meersalz großzügig in die Einschnitte füllen. Dann die Zitronen aufrecht und vorsichtig ganz eng aneinander in ein zuvor mit kochendem Wasser sterilisiertes, etwa einen Liter fassendes Glas stellen, sodass möglichst kein Salz aus dem Inneren der Früchte herausfällt.

Wenn alle Früchte im Glas sind, einen Esslöffel Meersalz darüberstreuen, den Saft von ein bis zwei Zitronen darüberträufeln und die Zitronen mit kochendem Wasser vollständig bedecken. Das Glas dicht verschließen und kühl aufbewahren. Die Zitronen können nach etwa drei Wochen verwendet werden.

▌TIPP: *Manche Köche geben zu Gemüse oder Fleisch nur die Zitronenschalen und würzen mit dem Fruchtfleisch beispielsweise Saucen. Ich selbst lege immer die kompletten Viertel mit Fruchtfleisch in die Tajine.*
Wer möchte, kann zu den Zitronen auch noch Lorbeerblätter, Pfeffer- und Korianderkörner und Gewürznelken ins Glas geben.

Grüner Tee mit Minze

Wenn es in Marokko ein Nationalgetränk gibt, dann ist es grüner Tee mit Minze.

ZUBEREITUNG: 15 MINUTEN
FÜR 4–6 PERSONEN

Zutaten

2 EL grüner Tee
1 Handvoll frische Minzeblätter (Nana-Minze)
6 TL Zucker

Alle Zutaten in ein Metallkännchen oder einen kleinen Topf geben, etwa einen halben Liter Wasser dazugießen und den Tee 10 Minuten kochen. Dann ist der Tee genussfertig, kann aber auch noch – wie in Marokko üblich – mehrmals umgegossen werden.

▌SCHON GEWUSST? *Das Ritual der Teezubereitung, das jeder Marokkaner individuell anders macht, ist dem Gastgeber vorbehalten: Der Tee wird mehrmals in ein Glas und anschließend zurück in die Kanne gegossen. Erst nachdem er auf diese Art gründlich vermischt, aufgeschäumt und vom Aroma der Minzeblätter durchzogen ist, wird er serviert.*

Couscoussalat

Dieser erfrischende Salat schmeckt zu nahezu jeder Tajine.

VORBEREITUNG: 20 MINUTEN
DURCHZIEHEN: 1 STUNDE
FÜR 4 PERSONEN

Zutaten

200 g Couscous
350 ml Gemüsebrühe
3 Tomaten
1 kleine Salatgurke
4 EL gehackte Petersilie
2 EL gehackte Minzeblätter
Saft von ½ Zitrone
6 EL Olivenöl
Salz
Pfeffer, frisch gemahlen

Den Couscous in eine flache Schüssel geben. Die Gemüsebrühe zum Kochen bringen, über den Couscous gießen und diesen zugedeckt etwa 10 Minuten quellen lassen.

Inzwischen die Tomaten und die Gurke in kleine Würfel schneiden und mit der Petersilie, der Minze, dem Zitronensaft und dem Olivenöl verrühren. Den Couscous mit einer Gabel gründlich durchrühren, um alle Klümpchen zu zerkleinern und die restlichen Salatzutaten dazugeben.

Den Couscoussalat gut durchmischen und mit Salz und Pfeffer abschmecken. Zugedeckt an einem kühlen Ort 1 Stunde ziehen lassen, damit sich die Aromen verbinden.

Granatapfel-Taboulé

VORBEREITUNG: 35 MINUTEN
DURCHZIEHEN: 30 MINUTEN
FÜR 4 PERSONEN

Zutaten

300 ml Gemüsebrühe | 200 g Bulgur
Salz | 3 Tomaten | ½ Salatgurke
1 Granatapfel
1 Bund Frühlingszwiebeln
1–2 Chilischoten
3 EL gehackte Petersilie
1 EL gehackte Minzeblätter
100 ml Olivenöl | 2 EL Weißweinessig
1 TL Ras el Hanout
Saft von 3 Limetten
Pfeffer, frisch gemahlen

Die Gemüsebrühe aufkochen lassen. Den Bulgur in eine große Schüssel geben, leicht salzen und mit der kochenden Brühe übergießen. Die Schüssel mit einem Tuch zudecken und den Bulgur 30 Minuten quellen lassen.

Die Tomaten überbrühen, enthäuten und zusammen mit der halben Gurke klein würfeln. Den Blütenansatz vom Granatapfel herausschneiden und die Frucht in zwei Hälften brechen. Über einer Schüssel die Kerne herauslösen. Die weißen Stückchen der Trennwände sorgfältig aussortieren, denn sie sind hart und bitter. Die weißen Teile der Frühlingszwiebeln klein hacken und das Frühlingszwiebelgrün in feine schräge Scheiben schneiden. Die Chilischoten in dünne Ringe schneiden, nach Belieben die Samen dabei entfernen.

Den ausgequollenen Bulgur mit den vorbereiteten Zutaten, den Kräutern, dem Olivenöl, dem Essig, dem Ras el Hanout und dem Limettensaft gut vermengen, mit Salz und Pfeffer abschmecken und 30 Minuten ziehen lassen.

(Foto siehe links)

Im Blätterdach der dornigen Arganbäume wachsen fleischige Früchte, die in ihrem bitteren Fruchtfleisch bis zu drei Kerne verbergen, deren Samen das kostbare Öl enthalten.

Die Tajine-Töpfer treffen sich beim gemeinsamen Frühstück mit frischem Fladenbrot, Argan- und Olivenöl, Butter und Marmelade.

Arganöl

Schon seit Jahrhunderten leben die Berber von und mit diesem Öl, das als die Gesundheit und Schönheit bewahrendes Lebenselixier gilt. Arganien oder Arganbäume gibt es seit etwa 60 Millionen Jahren. Heute existieren sie nur noch im Südwesten Marokkos und lassen sich anscheinend nirgendwo anders mehr kultivieren.
Inmitten des Blätterdachs der imposanten dornigen Bäume wachsen fleischige Früchte, welche in ihrem bitteren Fruchtfleisch bis zu drei mandelförmige Kerne verbergen, die von einer extrem harten Schale umgeben sind. In besonders trockenen Regionen trägt der Baum nur alle zwei Jahre Früchte, während er in besonders regenreichen Perioden bis zu dreimal im Jahr blühen und so Blüten und Früchte in verschiedenen Reifegraden gleichzeitig tragen kann.
Zur traditionellen Ölgewinnung wird das Fruchtfleisch entfernt und die darin verborgenen harten Kerne, in denen sich die ölhaltigen Samen befinden, werden aufgeschlagen. Diese Samen müssen vor dem Pressen trocknen. Für die Verwendung in der Küche werden die Samen vor dem Pressen mittlerweile meistens geröstet, um den unvergleichlichen nussartigen Geschmack des Öls noch mehr hervorzuheben.
Für einen Liter Arganöl benötigt man etwa 30 Kilogramm Arganfrüchte, das ist die Ernte von etwa fünf Bäumen. Arganöl wird oft zu Beginn der Mahlzeit, zusammen mit Olivenöl und Brot verzehrt. Da das Öl sehr kostbar ist, wird nur selten damit gekocht.

Couscous

Couscous nimmt in der Esskultur der Nordafrikaner denselben Raum ein wie in der asiatischen Küche der Reis. Maghrebinischer Couscous wird traditionell aus Weizen zu grobem Grieß gemahlen, den man anschließend auf einer flachen Tonschale mit kleinen Mengen Hartweizenmehl und Salzwasser von Hand in kreisenden Bewegungen rollt, bis sich kleine Kügelchen bilden.
Für die Zubereitung von Couscous wird traditionell ein spezieller Topf mit Siebeinsatz, der Couscousier, verwendet. Das mit Couscous gefüllte Sieb hängt über dem köchelnden Gericht, sodass der Grieß in dem aufsteigenden Dampf unter gelegentlichem Rühren weich gedämpft wird.
In Bioläden, arabischen Geschäften und großen Supermärkten kann man mittlerweile auch maschinell geriebenen Instantcouscous in den Sorten fein, mittel oder grob kaufen. Er lässt sich sehr einfach und schnell nach Packungsanweisung zubereiten.
In Marokko ist es Tradition, den Couscous auf einer großen Platte zu verteilen, das Tajine-Gericht darauf zu arrangieren und mit der rechten Hand gemeinsam von dieser Platte zu essen.

Fladenbrot

Im Orient ist Brot nicht nur eine Beilage. Der Umgang damit zeugt von einer jahrtausendealten Tradition. Zu Beginn der Mahlzeit bricht der Hausherr in feierlicher Geste das Brot und reicht es der Tischgesellschaft. Es darf nie mit dem Messer geschnitten werden, das würde bedeuten, ein Schwert gegen Gottes Segen zu erheben. Selbstbedienung ist verpönt und jeder wartet, bis er den Korb gereicht bekommt. Marokkaner nennen Brot auch »Messer und Gabel«, denn es wird häufig benutzt, um Speisen damit zu essen und Saucen aufzusaugen.
Das unverzichtbare Fladenbrot *chobs*, ohne das eine marokkanische Mahlzeit nicht vorstellbar ist, wird noch heute in vielen Haushalten frisch gebacken. Es kann sogar, in ärmeren ländlichen Gegenden, mit Olivenöl, Honig oder Smen bestrichen, eine ganze Mahlzeit darstellen. Je nach Gegend verwendet man für dieses Brot Hartweizen, Gersten- oder Maismehl, das jede Familie ihrer Tradition entsprechend verfeinert, beispielsweise mit Anis-, Kreuzkümmel-, Schwarzkümmel- oder Sesamsamen, und mit einem speziellen Zeichen oder Siegel verziert, um es nicht mit anderen Broten zu vertauschen – denn gebacken wird in einem öffentlichen, mit Holz befeuerten Ofen.

Vegetarisch

Die fleischlose Küche hat viel zu bieten. Und dies umso mehr, wenn die Speisen im Lehmtopf zubereitet werden, in dem durch die schonende Garmethode der *Eigengeschmack* der unterschiedlichsten Zutaten, egal ob Spargel, Topinambur, Rote Bete oder Brokkoli, noch *unterstrichen und hervorgehoben wird.* Ob marokkanisch, asiatisch inspiriert oder typisch deutsch – durch das Kochen in der Tajine wird jedes Gemüse zu einem *besonderen Genuss.*

Tajine des Schäfers

VORBEREITUNG: 25 MINUTEN
GARZEIT: 30–40 MINUTEN
FÜR 4 PERSONEN

Zutaten

2–3 EL Olivenöl
5–6 Kartoffeln
1 Aubergine
3 Tomaten
2–3 Schalotten
20 schwarze Oliven ohne Stein
Saft von ½ Zitrone
200 g Schafskäse (Feta)
2 Knoblauchzehen
½ Bund glatte Petersilie
½ Bund Thymian
Pfeffer, frisch gemahlen
Salz
Muskatnuss (nach Belieben)

Die Tajine mindestens 10 Minuten wässern und den Topfboden anschließend innen großzügig mit Olivenöl ausreiben.

Während die Tajine wässert, die Kartoffeln schälen und in mundgerechte Stücke schneiden. Von der Aubergine den Stielansatz entfernen, die Frucht in Scheiben schneiden, etwas salzen und für etwa 10 Minuten beiseitestellen. Dann die ausgetretene Flüssigkeit abtupfen und die Scheiben ebenso wie die Kartoffeln in Stücke schneiden. Zwei Tomaten achteln, den Stielansatz dabei entfernen. Die Schalotten schälen und ebenfalls in Achtel schneiden.

Die Kartoffelstücke in die geölte Tajine legen. Die Tomaten vorsichtig mit den Auberginenstücken mischen und auf die Kartoffeln geben. Die Schalottenachtel mit den Oliven darauf verteilen. Etwa 100 Milliliter Wasser und den Zitronensaft dazugeben und die Tajine bei mittlerer bis starker Hitze auf den Herd stellen.

Den Schafskäse würfeln und die letzte Tomate achteln oder vierteln. Den Knoblauch schälen und fein hacken. Die Petersilie waschen, trocken schütteln und hacken. Den Thymian waschen, die Blättchen abzupfen und hacken. Die Tomate, den Käse, den Knoblauch und die Kräuter auf das Gemüse in den Topf geben. Die Tajine noch mit Pfeffer, etwas Salz und eventuell frisch geriebener Muskatnuss würzen.

Den Deckel auflegen, die Dampfsperre mit kaltem Wasser füllen und alles 5–10 Minuten bei mittlerer bis starker Hitze dünsten. Dann den Herd auf mittlere Stufe herunterschalten und das Gemüse zugedeckt in weiteren 25–30 Minuten fertig garen.

▮ PASST GUT DAZU: *Köstlich zu dieser Tajine ist ein Krautsalat mit Karotten und Apfel oder frische gemischte Blattsalate.*

▮ TIPP: *Wer möchte, kann auch mehr Tomaten nehmen.*
Man stellt den Herd zuerst auf mittlere bis starke Hitze, damit sich die Tajine möglichst schnell aufwärmt. Dann wird die Temperatur etwas reduziert.

▮ VARIANTEN: *Anstelle von Schalotten passen auch sehr gut in Stücke geschnittene **Frühlingszwiebeln** in diese Tajine.*
*Wer mag, kann Petersilie und Thymian durch **Majoran**, **Oregano** oder **Salbei** – einzeln oder kombiniert – ersetzen.*

Brokkoli-Topinambur-Tajine mit Käse

VORBEREITUNG: 20 MINUTEN
GARZEIT: 30 MINUTEN
FÜR 4 PERSONEN

Zutaten

1 Brokkoli | 1 Zwiebel
6–8 Knollen Topinambur
1 Bund Schnittlauch | 3 EL Olivenöl
1–2 Tassen Gemüsebrühe (250–300 ml)
Salz und Pfeffer | 150 g Bergkäse, gerieben

Die Tajine für 10 Minuten wässern. Inzwischen den dicken Stiel und die Blätter vom Brokkoli entfernen. Die Zwiebel schälen und fein hacken. Die Topinamburknollen gründlich abbürsten und in dünne Scheiben schneiden. Den Schnittlauch in feine Röllchen schneiden.

Das Olivenöl in der Tajine bei mittlerer bis starker Hitze erwärmen und die Zwiebel darin anbraten. Den Brokkoli hineinsetzen und die Topinamburscheiben um den Brokkoli herum verteilen. Mit einer Tasse Brühe ablöschen und etwa 25 Minuten bei mittlerer Hitze mit aufgelegtem Deckel und mit Wasser gefüllter Dampfsperre dünsten, bis der Brokkoli gar ist.

Eventuell, falls keine Flüssigkeit mehr in der Tajine ist, die zweite Tasse Gemüsebrühe dazugeben. Das Gemüse mit Salz und Pfeffer würzen. Den geriebenen Käse über den Brokkoli streuen, die Schnittlauchröllchen darüber verteilen und das Gericht weitere 5 Minuten mit aufgelegtem Deckel garen, bis der Käse vollkommen zerlaufen ist.

Den Brokkoli wie einen Kuchen in acht Stücke schneiden und gemeinsam mit Freunden aus dem Topf essen.

(Foto siehe links)

Tajine mit Brokkoli und Kichererbsen

EINWEICHEN: 12 STUNDEN
VORBEREITUNG: 20 MINUTEN
GARZEIT: 30 MINUTEN
FÜR 4 PERSONEN

Zutaten

200 g getrocknete Kichererbsen
1 Zwiebel | 2 Tomaten | 4 Kartoffeln
1 Brokkoli | 2 Stangen Lauch
1 TL Meersalz | Pfeffer, frisch gemahlen
2 EL Pflanzenöl
1 Tasse Gemüsebrühe
100 ml Sahne oder Sojamilch
1 TL Currypulver (nach Belieben)
1 Bund Petersilie oder Koriandergrün
Kräutersalz

Die Kichererbsen über Nacht einweichen. Am nächsten Tag die Tajine 10 Minuten wässern. Inzwischen die Zwiebel schälen und klein hacken. Die Tomaten würfeln. Die Kartoffeln waschen, schälen und in Würfel schneiden. Den Brokkoli in kleine Röschen teilen, den Lauch putzen, gründlich waschen und in Ringe schneiden. Die Kichererbsen abgießen und mit den Lauchringen, Salz und einer Prise Pfeffer mischen.

Das Öl in der Tajine erhitzen und die Zwiebel darin bei starker Hitze kurz anbraten. Tomaten, Kartoffeln, Brokkoli und Kichererbsen-Lauch-Mischung nacheinander in die Tajine legen und die Brühe angießen. Den Deckel auflegen, die Dampfsperre mit kaltem Wasser füllen und das Gemüse bei mittlerer Hitze etwa 30 Minuten dünsten. Nach Belieben 5 Minuten vor Ende der Garzeit die Sahne oder Sojamilch mit dem Currypulver dazugeben.

Die Kräuter hacken. Das Gericht mit Kräutersalz abschmecken und mit den Kräutern bestreuen.

Giersch-Kartoffel-Tajine

VORBEREITUNG: 20 MINUTEN
GARZEIT: 20–25 MINUTEN
FÜR 2 PERSONEN

Zutaten

7 Kartoffeln | 3 Frühlingszwiebeln
1 Kugel Mozzarella (125 g) | 3 EL Olivenöl
1 Handvoll junge Brennnesselblätter
1 Handvoll Giersch (siehe Tipp)
2–3 EL gehackte Cashewkerne
½ TL Salz | 1 große Prise frisch gemahlener Pfeffer | 1 Prise Muskatnuss
2–3 Knoblauchzehen

Die Tajine mindestens 10 Minuten wässern. Inzwischen die Kartoffeln schälen und würfeln. Die Frühlingszwiebeln putzen und in zentimetergroße Stücke schneiden. Den Mozzarella in Scheiben schneiden.

Den Tajineboden innen gründlich mit zwei Esslöffeln Olivenöl einreiben und die Kartoffeln hineingeben. Die Frühlingszwiebeln darauf verteilen, die Brennnesselblätter, den Giersch und den Mozzarella darüberlegen. Mit den Cashews bestreuen.

150 Milliliter Wasser mit Salz, Pfeffer und Muskatnuss verrühren und über das Gemüse gießen. Den Deckel auflegen, die Dampfsperre mit kaltem Wasser füllen und die Tajine 20–25 Minuten garen, bis die Kartoffeln weich sind.

Nach etwa 10 Minuten den Knoblauch schälen und hacken. In einer kleinen Pfanne in dem restlichen Olivenöl mit etwas Salz kurz anbraten. In die Tajine geben und noch 10 Minuten mitgaren.

TIPP: *Giersch findet sich in fast jedem Garten. Die jungen Blätter können einfach abgepflückt werden. Ersatzweise eignen sich auch Mangold oder Spinat für diese Tajine.*

Nöpsches Herbst-Tajine

Die Idee zu dieser einfachen Tajine habe ich von meinem Freund Norbert, genannt »Nöpsch« – daher der Name.

VORBEREITUNG: 25 MINUTEN
GARZEIT: 30 MINUTEN
FÜR 4 PERSONEN

Zutaten

1 Zwiebel | 5 große Kartoffeln
4 große Karotten | 1 Pastinake
½ Spitz- oder Weißkohl | 2 Äpfel
4 Knoblauchzehen | 2 EL Olivenöl
Pfeffer | Salz | 300 ml Hefeweizen

Die Tajine 10 Minuten wässern. Inzwischen die Zwiebel schälen und fein hacken. Die Kartoffeln, Karotten und Pastinake schälen und würfeln. Den Kohl vom Strunk befreien und in Streifen schneiden. Die Äpfel halbieren, das Kerngehäuse herausschneiden und die Hälften würfeln. Die Knoblauchzehen schälen und hacken.

Den Tajineboden innen gründlich mit Olivenöl einreiben und die klein gehackte Zwiebel hineingeben. Das in Würfel geschnittene Gemüse mischen und darauflegen. Mit Pfeffer, Salz und Knoblauch würzen und den Spitzkohl darüber verteilen. Das Hefeweizen über das Gemüse gießen.

Den Deckel auflegen, die Dampfsperre mit kaltem Wasser füllen und die Tajine etwa 30 Minuten bei mittlerer Hitze garen.

(Foto siehe rechts)

Kürbis-Spinat-Tajine mit Aprikosen und Safran

VORBEREITUNG: 30 MINUTEN
GARZEIT: 15–20 MINUTEN
FÜR 4 PERSONEN

Zutaten

1 kleiner Hokkaidokürbis
1 gute Handvoll Blattspinat
1–2 Zwiebeln
3 Knoblauchzehen
10 Aprikosen
4 Tomaten
3–4 EL Olivenöl
10 Safranfäden
½ TL frisch gemahlener Pfeffer
1 TL Kräutersalz
½–1 TL Harissa oder Chiliflocken
½ TL gemahlener Zimt
1 Bund frische Petersilie

Die Tajine mindestens 10 Minuten wässern. Inzwischen den Kürbis halbieren, die Kerne und Fasern herausschaben, das Fruchtfleisch nach Belieben schälen und in mundgerechte Würfel schneiden. Vom Spinat die groben Stiele entfernen, die Blätter waschen und abtropfen lassen. Die Zwiebeln und den Knoblauch schälen und klein hacken, die Aprikosen halbieren, den Kern entfernen und das Fruchtfleisch klein schneiden. Die Tomaten vierteln, von Samen und Stielansatz befreien und würfeln.

Das Olivenöl in der Tajine erhitzen und die Zwiebeln mit dem Knoblauch darin glasig dünsten. Die Kürbisstücke dazugeben und einige Minuten anbraten. Die Safranfäden in 150 Milliliter lauwarmem Wasser auflösen und über den Kürbis gießen. Tomaten, Spinat und Aprikosen dazugeben und alle Gewürze unterrühren. Den Deckel auflegen, in die Dampfsperre kaltes Wasser geben und das Gemüse bei mittlerer Hitze 15–20 Minuten garen, bis der Kürbis weich ist.

Nach 10 Minuten die Petersilie waschen und trocken schütteln. Die Blätter von den Stielen zupfen und fein hacken. Die Petersilie unter das fertig gegarte Gemüse mischen und die Tajine noch einmal abschmecken. Nach Belieben mit Couscous oder Bulgur servieren.

VARIANTEN: *Statt Aprikosen können Sie auch* ***Datteln*** *verwenden. Oder streuen Sie einmal eine Handvoll* ***gehackte Mandeln*** *darüber.*

Indische Gewürzlinsen

EINWEICHEN: 12 STUNDEN
VORBEREITUNG: 10 MINUTEN
GARZEIT: 25 MINUTEN
FÜR 4 PERSONEN

Zutaten

200 g gelbe Linsen
200 g Basmatireis | 3 EL Olivenöl
1 TL schwarze Senfsamen
1 TL Kreuzkümmelsamen
½ TL Kurkuma | 1 TL Meersalz
1 große Prise frisch gemahlener Pfeffer
2 Tassen leichte Gemüsebrühe oder Wasser (etwa 300 ml) | Kräutersalz
½ Bund Basilikum oder Koriandergrün

Die Linsen über Nacht einweichen. Am nächsten Tag den Reis 30 Minuten einweichen. Die Tajine mindestens 10 Minuten wässern.

Die Tajine innen gründlich mit Öl einreiben. Die Senfsamen und den Kreuzkümmel in der Tajine bei starker Hitze anbraten bis die Samen anfangen zu knacken. Die eingeweichten, abgegossenen Linsen, den abgegossenen Reis und die restlichen Gewürze dazugeben, umrühren und einige Minuten erhitzen.

Mit Brühe oder Wasser ablöschen. Den Deckel auflegen und Reis und Linsen bei mittlerer Hitze und mit Wasser gefüllter Dampfsperre etwa 25 Minuten garen, bis sie weich sind. Das Gericht dabei immer wieder kurz umrühren und zum Schluss mit Kräutersalz abschmecken. Mit Basilikum- oder Korianderblättern garnieren und mit Fladenbrot servieren.

VARIANTE: *Probieren Sie dieses Gericht auch einmal mit roten Linsen anstelle der gelben. Es reicht, sie 30 Minuten mit dem Reis einzuweichen.*

Pikanter Mungbohnen-Dal

EINWEICHEN: 12 STUNDEN
VORBEREITUNG: 20 MINUTEN
GARZEIT: 35–40 MINUTEN
FÜR 4 PERSONEN

Zutaten

400 g getrocknete Mungbohnen
3 EL Olivenöl | 1 grüne Chilischote
1 TL schwarze Senfsamen
1 TL Kreuzkümmelsamen
1 TL gemahlener Koriander
1 TL Kurkuma | ½ TL gemahlener Ingwer
½ TL gemahlener Zimt | 2 Tassen leichte Gemüsebrühe oder Wasser (etwa 300 ml)
Kräutersalz | ½ Bund glatte Petersilie oder Koriandergrün

Die Mungbohnen über Nacht in reichlich kaltem Wasser einweichen.

Am nächsten Tag die Tajine 10 Minuten wässern und dann den Tajineboden innen mit dem Olivenöl einreiben. Die Chilischote in Ringe schneiden. Die Senfsamen und den Kreuzkümmel in der Tajine bei starker Hitze anbraten, bis sie knacken. Dann die restlichen Gewürze dazugeben und bei mittlerer Hitze leicht rösten.

Anschließend den Chili und die Mungbohnen hinzufügen und eine Tasse Brühe oder Wasser angießen. Den Deckel aufsetzen, die Dampfsperre mit kaltem Wasser füllen und die Bohnen bei mittlerer Hitze 35–40 Minuten garen. Dabei immer wieder kurz umrühren und prüfen, ob noch genügend Flüssigkeit in der Tajine ist. Bei Bedarf noch Flüssigkeit hinzufügen. Sobald die Bohnen weich sind, mit Kräutersalz abschmecken. Mit Petersilie oder Koriandergrün garnieren und mit Reis, Fladenbrot oder Chapatis servieren.

(Foto siehe links)

Okraschoten-Kichererbsen-Tajine mit Mango-Kokosmilch

EINWEICHEN: 12 STUNDEN
VORBEREITUNG: 25 MINUTEN
GARZEIT: 20–25 MINUTEN
FÜR 4 PERSONEN

Zutaten

100 g getrocknete Kichererbsen
1 Zwiebel
1 Tomate
4–5 Kartoffeln
1 Aubergine
10–12 Okraschoten
1 Stück Ingwer (etwa 2 Zentimeter)
1 Bund Koriandergrün oder Petersilie
2 EL Olivenöl
1 TL grüne Currypaste
250 ml Kokosmilch
4–5 EL Mangosauce
Pfeffer, frisch gemahlen
Kräutersalz

Die Kichererbsen über Nacht einweichen.

Am nächsten Tag die Tajine mindestens 10 Minuten wässern. Inzwischen die Zwiebel schälen und klein hacken. Die Tomate in Stücke schneiden. Die Kartoffeln schälen und würfeln. Die Aubergine waschen, den Stielansatz kappen und die Frucht ebenfalls in Würfel schneiden. Die Okraschoten am Stielansatz bleistiftspitzenförmig zuschneiden, ohne die Schoten zu verletzen. Den Ingwer schälen und fein hacken. Die Kräuter waschen, trocken schütteln und ebenfalls hacken.

Zwiebel und Tomate in der Tajine in dem Olivenöl bei starker Hitze kurz anbraten. Kartoffeln, Aubergine und Okraschoten zusammen mit dem Ingwer und den Kräutern dazugeben. Die abgegossenen Kichererbsen darüber verteilen.

Die Currypaste in 200 Milliliter lauwarmem Wasser auflösen und darübergießen. Den Deckel auflegen, die Dampfsperre mit kaltem Wasser füllen und sämtliche Zutaten bei mittlerer Hitze 20–25 Minuten dünsten.

Die Kokosmilch mit der Mangosauce verrühren, kurz vor dem Servieren über das Gericht gießen und erhitzen. Zum Schluss die Tajine mit frisch gemahlenem Pfeffer und Salz abschmecken. Als Beilage eignet sich Reis oder Couscous.

TIPP: *Man sollte unbedingt darauf achten, die Okraschoten beim Entfernen des Stielansatzes nicht zu verletzen, da sonst ihr ganzer milchiger Saft ausläuft.*
Nur knackige Okraschoten sind ganz frisch. Man erkennt sie daran, dass sich ihre Spitze leicht abbrechen lässt.

Kartoffel-Champignon-Tajine mit Ananas

VORBEREITUNG: 30 MINUTEN
GARZEIT: 20 MINUTEN
FÜR 2 PERSONEN

Zutaten

1 Zwiebel | 6 Kartoffeln
⅓ Ananas | 1–2 Tomaten
100 g Champignons
1 kleiner Zweig Rosmarin
½ Bund Petersilie oder Koriandergrün
1 EL Olivenöl | 1 TL Currypulver
½ TL Cayennepfeffer
1 Tasse Gemüsebrühe (etwa 150 ml)
Salz
150 g Emmentaler, gerieben

Die Tajine mindestens 10 Minuten wässern. Inzwischen die Zwiebel schälen und fein hacken. Die Kartoffeln schälen und würfeln. Die Ananas schälen, vom Strunk befreien und zusammen mit den Tomaten klein schneiden. Die Champignons in Scheiben schneiden. Rosmarin und Petersilie oder Koriandergrün waschen, trocken schütteln, die Blätter abzupfen und hacken.

Das Öl in der Tajine erhitzen und die Zwiebel mit dem Currypulver und Cayennepfeffer darin bei starker Hitze kurz anbraten. Kartoffeln, Tomaten, Champignons und Ananas mit den Kräutern vermengen und in die Tajine geben. Die Gemüsebrühe angießen, eine Prise Salz dazugeben und alles zugedeckt und mit Wasser gefüllter Dampfsperre bei mittlerer Hitze etwa 20 Minuten garen.

Einige Minuten vor Ende der Garzeit den Käse darüberstreuen und so lange mit aufgelegtem Deckel erhitzen, bis er zerlaufen ist. Servieren.

Reis-Tajine mit Paprika, Zucchini und Oliven

VORBEREITUNG: 30 MINUTEN
GARZEIT: 20 MINUTEN
FÜR 4 PERSONEN

Zutaten

200 g Basmatireis | 1 kleine Zwiebel
1 Tomate | 4 Zucchini
je 1 grüne, gelbe und rote Paprikaschote
3 EL Olivenöl | 15–20 Oliven ohne Stein
Pfeffer, frisch gemahlen | Kräutersalz
1 Tasse Gemüsebrühe
½ Bund Basilikum
4 Stängel Rosmarin oder Oregano

Den Reis 30 Minuten in kaltem Wasser einweichen. Die Tajine mindestens 10 Minuten wässern. Inzwischen die Zwiebel schälen und klein hacken. Die Tomate würfeln. Die Zucchini längs vierteln und in zwei bis drei Zentimeter große Stücke schneiden. Die Paprikaschoten von Stiel, Samen und Scheidewänden befreien und in Streifen schneiden.

Zwiebel und Tomate in der Tajine im Olivenöl bei starker Hitze kurz anbraten. Umrühren. Zucchini und Paprika zusammen mit den Oliven in die Tajine geben und mit Pfeffer und Kräutersalz würzen. In der Mitte des Gemüses eine kleine Mulde formen und den abgegossenen Reis dort hineingeben. Eine halbe Tasse Gemüsebrühe angießen, die Tajine verschließen, die Dampfsperre mit kaltem Wasser füllen und alles bei mittlerer Hitze etwa 20 Minuten garen.

Die Kräuter waschen, trocken schütteln und die Blätter hacken. Etwa 5 Minuten vor Garzeitende die restliche Brühe in die Tajine gießen und zum Servieren die Kräuter darüberstreuen.

(Foto siehe rechts)

Bambussprossen-Süßkartoffel-Tajine mit Basmatireis

VORBEREITUNG: 30 MINUTEN
GARZEIT: 20–25 MINUTEN
FÜR 4 PERSONEN

Zutaten

150 g Basmatireis
1 Zwiebel
1 Tomate
5 kleinere Süßkartoffeln
4 Karotten
1 Zucchini
1 Frühlingszwiebel
1–2 cm Ingwer
1 Bund Koriandergrün oder Petersilie
2 EL Olivenöl
Kräutersalz
Pfeffer, frisch gemahlen
100 g Bambussprossen aus dem Glas
1 TL rote Currypaste (siehe Tipp)
250 ml Kokosmilch
4–5 EL Mangosauce

Den Basmatireis in reichlich kaltem Wasser 30 Minuten einweichen.

Inzwischen die Tajine mindestens 10 Minuten wässern. Die Zwiebel schälen und klein hacken, die Tomate würfeln, den Stielansatz dabei entfernen. Die Süßkartoffeln schälen, längs in 16 Spalten schneiden und diese quer halbieren. Jede Karotte schälen, längs in sechs Spalten schneiden und dann quer dritteln. Die Zucchini längs vierteln und ebenfalls quer dritteln. Die Frühlingszwiebel putzen und schräg in ein Zentimeter breite Stücke schneiden. Den Ingwer schälen und fein hacken. Das Koriandergrün oder die Petersilie waschen, trocken schütteln, die Blätter von den Stielen zupfen und fein hacken.

Die Zwiebel und Tomate in der Tajine im Olivenöl bei starker Hitze kurz anbraten. Die Süßkartoffeln, die Karotten und die Zucchini mit den Kräutern und dem Ingwer in die Tajine geben und mit Salz und Pfeffer würzen. In der Mitte eine Mulde formen und die Frühlingszwiebeln, die Bambussprossen und den abgegossenen Reis hineingeben. Die Currypaste in 150 Milliliter warmem Wasser auflösen und in die Tajine gießen.

Den Deckel auflegen, die Dampfsperre mit kaltem Wasser füllen und alles bei mittlerer Hitze 20–25 Minuten dünsten.

Die Kokosmilch mit der Mangosauce verrühren und kurz vor dem Servieren über das Gericht gießen. Zum Schluss alles noch einmal mit Pfeffer und Salz abschmecken.

▮ PASST GUT DAZU: *Zu dieser Tajine ist ein grüner Salat die ideale Ergänzung.*

▮ TIPP: *Rote Currypaste ist ziemlich scharf, sodass man sie vorsichtig dosieren sollte. Milder, aber dennoch aromatisch und würzig ist die gelbe Currypaste.*
Wer mag, kann zusätzlich zu dem Bamatireis noch etwas Wildreis mitgaren, der ebenfalls vor dem Garen etwa 30 Minuten eingeweicht werden muss.

Kräuter-Tajine mit Zucchini

VORBEREITUNG: 25 MINUTEN
GARZEIT: 20–25 MINUTEN
FÜR 4 PERSONEN

Zutaten

1 Zwiebel | 3 Kartoffeln
1 Aubergine | 2 Zucchini
4 Karotten | 1 Knolle Gemüsefenchel
2 EL Olivenöl | 1 TL grüne Currypaste
1 TL Kräutersalz | 2 EL gehackte Petersilie
1 EL Schnittlauchröllchen
2 EL Oreganoblättchen
1 EL Thymianblättchen
2 EL gehackter Rosmarin
oder Koriandergrün
1 Tasse Gemüsebrühe oder Wasser
(etwa 150 ml)
1–2 TL Hefeflocken (nach Belieben)

Die Tajine 10 Minuten wässern. Inzwischen die Zwiebel schälen und ganz fein würfeln. Die Kartoffeln schälen und mit der Aubergine und den Zucchini würfeln. Die Karotten schälen und in Scheiben schneiden. Den Fenchel halbieren, vom Strunk befreien und in Streifen schneiden.

Die Zwiebelwürfel in der Tajine im Olivenöl bei starker Hitze kurz anbraten. Das vorbereitete, zerkleinerte Gemüse mit der Currypaste, dem Kräutersalz und den Kräutern mischen und in die Tajine legen. Mit einer halben Tasse Wasser oder Gemüsebrühe ablöschen, den Deckel auflegen, die Dampfsperre mit kaltem Wasser füllen und das Gemüse bei mittlerer Hitze 20–25 Minuten garen.

Kurz vor Ende der Garzeit die restliche Brühe oder das Wasser darübergießen. Mit Kräutersalz abschmecken und nach Belieben mit Hefeflocken bestreuen.

(Foto siehe links)

Paprika-Quinoa-Tajine

VORBEREITUNG: 30 MINUTEN
GARZEIT: 40 MINUTEN
FÜR 3–4 PERSONEN

Zutaten

4 Zwiebeln | 2 Knoblauchzehen
3 Tomaten | 1 Aubergine
je 1 rote und grüne Paprikaschote
1 Bund Petersilie | 3 EL Olivenöl
100 ml Weißwein | 125 g Quinoa
1 Lorbeerblatt | 1 TL Salz | 1 TL edelsüßes
Paprikapulver | 1 TL Chilipulver
1 TL Zucker | 1 Tasse Gemüsebrühe
(etwa 150 ml) | 100 g Joghurt

Die Tajine wie gewohnt 10 Minuten wässern. Inzwischen die Zwiebeln und den Knoblauch schälen. Die Zwiebeln, die Tomaten und den Knoblauch fein hacken. Von der Aubergine den Stielansatz entfernen. Die Paprikaschoten von den Stielen, Samen und Scheidewänden befreien. Paprika und Aubergine grob würfeln. Die Petersilie waschen, trocken schütteln und fein hacken.

Tomaten, Zwiebeln und Knoblauch in dem Olivenöl in der Tajine bei starker Hitze anbraten und mit dem Weißwein ablöschen. Quinoa und Lorbeerblatt auf die Tomaten und Zwiebeln häufen. Die Paprika- und die Auberginenwürfel zusammen mit der Petersilie, dem Salz, dem Paprika- und Chilipulver sowie dem Zucker hinzugeben und die Gemüsebrühe angießen.

Den Deckel auflegen, die Dampfsperre mit kaltem Wasser füllen und das Gemüse 40 Minuten bei mittlerer Hitze garen. Ein- bis zweimal prüfen, ob noch ausreichend Flüssigkeit im Topf ist; falls nötig Wasser oder Weißwein nachgießen.

Die Tajine mit dem Joghurt servieren.

Gemüseauflauf mit Grünkernhaube

VORBEREITUNG: 40 MINUTEN
GARZEIT: 40 MINUTEN
FÜR 4 PERSONEN

Zutaten

Für den Auflauf

4 Karotten
4 Pastinaken
4 Kartoffeln
1 Bund Frühlingszwiebeln
½ Zwiebel
1 Knoblauchzehe
150 g Crème fraîche
Meersalz
Pfeffer, frisch gemahlen

Für die Grünkernhaube

1 Knoblauchzehe
150 g Crème fraîche
150 ml Sahne
50 g Parmesan, grob gerieben
200 g grober Grünkernschrot
Meersalz
Pfeffer, frisch gemahlen

Für die Grünkernhaube die Knoblauchzehe schälen, zerdrücken und mit der Crème fraîche, der Sahne, dem grob geriebenen Parmesan und dem Grünkernschrot verrühren. Mit Meersalz und frisch gemahlenem Pfeffer würzen und 30 Minuten quellen lassen.

Inzwischen die Tajine wässern. Für den Auflauf die Karotten, Pastinaken und Kartoffeln gründlich waschen, falls nötig schälen und in dünne Scheiben schneiden. Die Frühlingszwiebeln putzen und in Stücke schneiden. Die halbe Zwiebel schälen und fein würfeln.

Zwiebel, Karotten, Pastinaken, Kartoffeln und Frühlingszwiebeln in die Tajine schichten. Jede Schicht leicht mit Pfeffer und Salz bestreuen. Die Knoblauchzehe schälen, zerdrücken und mit der Crème fraîche verrühren. Mit Meersalz und Pfeffer würzen und über das Gemüse geben.

Die gequollene Grünkernmasse auf das Gemüse streichen. Eine Tasse Wasser einfüllen, den Deckel auflegen und in die Dampfsperre kaltes Wasser geben. Die Tajine auf den Herd stellen und das Gericht bei mittlerer Hitze etwa 40 Minuten garen.

▌TIPP: *Wer eine richtig schöne Grünkernkruste haben will, der kann die Tajine ohne Deckel für die letzten 15 Minuten Garzeit in den Backofen schieben und bei 200 °C Oberhitze fertigstellen.*

Artischocken mit Vinaigrette

VORBEREITUNG: 15 MINUTEN
GARZEIT: 30 MINUTEN
FÜR 3 PERSONEN

Zutaten

Für die Artischocken

3 Artischocken
100 ml Gemüsebrühe

Für die Vinaigrette

6 EL Olivenöl
2 EL Weiß- oder Rotweinessig
1 TL scharfer Senf
Kräutersalz
schwarzer Pfeffer, frisch gemahlen

Die Tajine wie gewohnt 10 Minuten wässern. Inzwischen die Artischocken putzen: den Stiel herausbrechen und die harten Blätter um den Stielansatz herum herausziehen. Die Artischocken aufrecht in die Tajine stellen, die Gemüsebrühe dazugießen, den Deckel auflegen, in die Dampfsperre kaltes Wasser geben und die Artischocken etwa 30 Minuten dünsten.

Für die Vinaigrette Olivenöl, Essig, Senf, Kräutersalz und Pfeffer in ein sauberes Glas mit Schraubverschluss füllen, das Glas verschließen und kräftig schütteln. In eine hübsche Schale gießen und als Dip zu den Artischocken servieren.

▌TIPP: *Zum Verzehren der Artischocken die Blätter nacheinander herausziehen, in die Vinaigrette tauchen und das Fruchtfleisch mit den Zähnen abstreifen. Dann das Heu vom freigelegten Artischockenboden entfernen und den Boden genießen.*

(Foto siehe links)

Kartoffel-Bohnen-Tajine mit Balsamicoessig

VORBEREITUNG: 30 MINUTEN
GARZEIT: 30–35 MINUTEN
FÜR 3 PERSONEN

Zutaten

6–8 Kartoffeln
500 g grüne Bohnen
3 EL Olivenöl
Kräutersalz
Pfeffer, frisch gemahlen
3–4 Knoblauchzehen
3–4 EL Balsamicoessig
2–3 EL Hefeflocken (nach Belieben)

Die Tajine mit Wasser füllen und mindestens 10 Minuten wässern. Inzwischen die Kartoffeln schälen und würfeln, die grünen Bohnen putzen, falls nötig abfädeln und halbieren.

Zwei Esslöffel Olivenöl in die Tajine geben und diese auf den Herd stellen. Zweimal abwechselnd Kartoffeln und Bohnen hineinschichten und jede Schicht leicht mit Salz und Pfeffer würzen. Eine Tasse Wasser dazugießen, den Deckel auflegen, die Dampfsperre mit kaltem Wasser füllen und das Gemüse bei starker Mittelhitze in 30–35 Minuten weich dünsten.

Nach etwa 20 Minuten die Flüssigkeitsmenge in der Tajine kontrollieren und eventuell noch etwas Wasser hinzufügen. Die Knoblauchzehen schälen, klein hacken und in dem restlichen Olivenöl in einer Pfanne goldbraun braten.

Zum Servieren die Knoblauchstücke mit dem Olivenöl über die Bohnen und Kartoffeln geben, Balsamicoessig nach Geschmack darüberspritzen und nach Belieben Hefeflocken darüberstreuen.

(Foto siehe Seite 54)

Blattspinat mit Kartoffeln in der Tajine

VORBEREITUNG: 20 MINUTEN
GARZEIT: 20 MINUTEN
FÜR 2–3 PERSONEN

Zutaten

500 g Blattspinat
6 Kartoffeln
1 kleine Zwiebel
1 Knoblauchzehe
2 EL neutrales Pflanzenöl
Pfeffer, frisch gemahlen
Kräutersalz
Muskatnuss, frisch gerieben
1 Tasse Gemüsebrühe (etwa 150 ml)
1–2 EL Hefeflocken

Die Tajine mindestens 10 Minuten wässern. Inzwischen den Spinat verlesen, gründlich waschen und abtropfen lassen. Die Kartoffeln schälen und in mundgerechte Würfel schneiden. Die Zwiebel schälen und klein hacken. Die Knoblauchzehe schälen und zerdrücken.

Das Pflanzenöl in der Tajine erhitzen und die Zwiebel darin bei starker Hitze kurz anbraten. Die Kartoffelwürfel hinzufügen. Den Spinat mit dem Knoblauch vermischen, mit Pfeffer, Kräutersalz und Muskatnuss würzen und ebenfalls in die Tajine geben.

Die Gemüsebrühe angießen, den Deckel auflegen, die Dampfsperre mit kaltem Wasser füllen und das Gemüse bei mittlerer Hitze etwa 20 Minuten garen.

Zum Servieren mit Kräutersalz abschmecken und mit den Hefeflocken bestreuen.

(Foto siehe Seite 55)

Fränkischer Bauerntopf

Dieses Rezept stammt von Discha B. Bauer.

VORBEREITUNG: 15 MINUTEN
GARZEIT: 20 MINUTEN
FÜR 3–4 PERSONEN

Zutaten

1 Kohlrabi | 2 Stangen Lauch | 4 Kartoffeln
Olivenöl | 1 EL Sherry | 100 ml Sahne
1 TL Gemüsebrühe (instant)
1 TL frischer gehackter Liebstöckel
1 TL frische Dillspitzen
1 TL frische Thymianblättchen
1 Knoblauchzehe

Die Tajine mindestens 10 Minuten wässern. Inzwischen sämtliches Gemüse waschen, putzen oder schälen und in ein bis zwei Zentimeter große Würfel bzw. Stücke schneiden.

Die Tajine innen großzügig mit Olivenöl einreiben. Das vorbereitete Gemüse zusammen mit 100 Milliliter Wasser in die Tajine geben. Den Deckel auflegen, die Dampfsperre mit Wasser füllen und das Gemüse bei mittlerer Hitze dünsten.

Nach 10 Minuten Garzeit, gemessen ab dem Zeitpunkt, an dem ein »Kochgeräusch« zu hören ist, den Sherry dazugeben und alles zugedeckt weitere 10 Minuten garen.

Dann die Sahne mit der Instantbrühe, dem Liebstöckel, dem Dill und dem Thymian vermischen, unterrühren und kurz erhitzen. Direkt vor dem Servieren die Knoblauchzehe schälen, durchpressen und unterrühren.

▮ PASST GUT DAZU: *Zu dieser wegen der Kräuter sehr aromatischen Tajine schmecken Tofuwürstchen prima.*

(Foto siehe links)

Artischocke im Kichererbsen-Gemüse-Kranz

Ein Rezept für gute Freunde oder Verliebte, die gerne gemeinsam an einer Artischocke zupfen.

EINWEICHEN: 12 STUNDEN
VORBEREITUNG: 25 MINUTEN
GARZEIT: 30–35 MINUTEN
FÜR 2 PERSONEN

Zutaten

100 g getrocknete Kichererbsen
1 große Artischocke
(ersatzweise 2 kleinere)
1 Zwiebel
1 Knoblauchzehe
2–3 Kartoffeln
1 Pastinake
2 Karotten
1 Rote Bete
3 EL Olivenöl
1 gestrichener TL Currypulver
100 ml Gemüsebrühe
Kräutersalz
Pfeffer, frisch gemahlen

Die Kichererbsen über Nacht in reichlich kaltem Wasser einweichen.

Am nächsten Tag die Tajine mindestens 10 Minuten wässern. Inzwischen die Artischocke putzen. Dafür den Stiel direkt unter dem Blütenansatz ruckartig abbrechen, damit auch die harten Fasern, die bis in den Artischockenboden hineinreichen, entfernt werden, und die kleinen, harten Blätter direkt am Stielansatz herauszupfen.

Die Zwiebel und den Knoblauch schälen und fein hacken. Kartoffeln, Pastinake und Karotten schälen bzw. putzen und in mundgerechte Stücke schneiden. Die Rote Bete schälen und klein würfeln.

Die Tajine innen mit dem Olivenöl einreiben. Die Zwiebel und den Knoblauch mit dem Currypulver darin bei mittlerer Hitze leicht anbraten. Sämtliches vorbereitete Gemüse in der Tajine aufschichten und leicht mit Salz und Pfeffer würzen. Die Artischocke in die Mitte setzen, die Kichererbsen abgießen und um die Artischocke herum verteilen.

Die Gemüsebrühe angießen, den Deckel auflegen und die Dampfsperre mit kaltem Wasser füllen. Das Gemüse 30–35 Minuten bei mittlerer Hitze garen. Dann mit Kräutersalz und Pfeffer abschmecken und servieren.

▮ PASST GUT DAZU: *Die optimalen Begleiter zu dieser Tajine sind Couscous und grüner Salat.*

▮ VARIANTE: *Sollten Sie keine frischen Artischocken bekommen, können Sie auch* ***Artischockenherzen aus dem Glas*** *für diese Tajine verwenden. Dann empfiehlt es sich, mehrere davon auf dem Gemüse zu verteilen.*

Kräutertofu auf Kürbis-Kartoffel-Gemüse

VORBEREITUNG: 30 MINUTEN
GARZEIT: 25 MINUTEN
FÜR 4 PERSONEN

Zutaten

250 g Kräutertofu
2–3 Knoblauchzehen
1 Zwiebel
½ Hokkaidokürbis (etwa 400 g)
6 Kartoffeln
2 EL Olivenöl
1 TL Ingwerpulver oder geriebener frischer Ingwer
1 TL Currypulver
1 EL Rosinen
Salz
Pfeffer, frisch gemahlen
150 ml Sahne
1 kleines Bund Koriandergrün
150 g mittelalter Gouda, gerieben

Die Tajine wie gewohnt mindestens 10 Minuten wässern. Inzwischen den Kräutertofu in Würfel schneiden. Den Knoblauch und die Zwiebel schälen und getrennt fein hacken. Den Hokkaidokürbis gründlich waschen, von Kernen und Fasern befreien und in mundgerechte Stücke schneiden, die Kartoffeln schälen und ebenso große Stücke schneiden.

Einen Esslöffel Olivenöl in der Tajine erhitzen und Tofu, Knoblauch und Ingwer darin bei starker Hitze kurz scharf anbraten. Herausnehmen und auf einem Teller beiseitestellen. Den Rest Olivenöl in der Tajine erhitzen und die zerkleinerte Zwiebel mit der Hälfte des Currypulvers und den Rosinen hineingeben. Den Hokkaidokürbis und die Kartoffeln daraufschichten und den angebratenen Kräutertofu darüber verteilen.

Eine Tasse Wasser mit Salz, Pfeffer und dem restlichen Currypulver verrühren und über das Gemüse und den Tofu gießen. Den Deckel auflegen, die Dampfsperre mit kaltem Wasser füllen und alles etwa 25 Minuten bei mittlerer Hitze garen.

Kurz vor Ende der Garzeit die Korianderblätter von den Stielen zupfen und fein hacken. Sahne, Koriandergrün und den geriebenen Käse über dem Gemüse und Tofu verteilen und den Deckel wieder auflegen. Sobald der Käse zerlaufen ist, mit geröstetem Weißbrot servieren.

VARIANTEN: *Anstelle des Koriandergrüns schmeckt auch frische* ***glatte Petersilie*** *hervorragend in dieser Tajine.*
Wenn im Herbst die Auswahl an Kürbissen groß ist, kann man die Tajine auch mal mit einer anderen Kürbissorte – beispielsweise ***Butternuss- oder Muskatkürbis*** *– probieren. Diese müssen dann allerdings geschält werden.*

TIPP: *Beim Hokkaidokürbis kann man die Schale am Fruchtfleisch lassen, da sie beim Garen weich wird. Der Kürbis sollte lediglich gut gewaschen werden, da manchmal noch Erde an ihm haftet. Wer mag, kann ihn aber natürlich auch schälen.*

Blumenkohl-Kartoffel-Tajine

VORBEREITUNG: 20 MINUTEN
GARZEIT: 20–25 MINUTEN
FÜR 4 PERSONEN

Zutaten

1 kleine Zwiebel
1 Blumenkohl
4–5 Kartoffeln
½ Bund Schnittlauch
2 EL Pflanzenöl
Muskatnuss, frisch gerieben
Kräutersalz | Pfeffer, frisch gemahlen
1 Tasse Gemüsebrühe (etwa 150 ml)
100 ml Sahne + ½ TL Currypulver
(nach Belieben)

Die Tajine mindestens 10 Minuten wässern. Inzwischen die Zwiebel schälen und klein hacken. Den Blumenkohl putzen und in sechs bis acht große Stücke teilen. Die Kartoffeln schälen und würfeln. Den Schnittlauch in feine Röllchen schneiden.

Das Öl in der Tajine erhitzen und die Zwiebel darin bei starker Hitze kurz anbraten. Die Blumenkohlstücke in der Tajine wieder zu einem ganzen Kopf zusammensetzen. Die Kartoffelwürfel um den Blumenkohl legen. Mit Muskatnuss, Salz und Pfeffer würzen und die Gemüsebrühe angießen. Den Deckel auflegen, die Dampfsperre mit kaltem Wasser füllen und das Gemüse bei mittlerer Hitze 20–25 Minuten garen.

Nach Belieben 5 Minuten vor dem Ende der Garzeit die mit dem Currypulver verrührte Sahne dazugeben und das Gericht mit Kräutersalz und Pfeffer abschmecken. Noch einmal kurz erhitzen und mit Schnittlauchröllchen bestreut servieren.

Asiatische Chinakohl-Sprossen-Tajine

EINWEICHEN: 12 STUNDEN
VORBEREITUNG: 20 MINUTEN
GARZEIT: 20–25 MINUTEN
FÜR 4 PERSONEN

Zutaten

1½ Tassen Naturreis | 1 kleiner Chinakohl
4 Frühlingszwiebeln | 1 rote Paprikaschote
1 Stück Ingwer (etwa 3 cm)
1 Knoblauchzehe | 3 EL Sojaöl
150 g Bohnensprossen | Salz
Pfeffer, frisch gemahlen
2–3 EL Sojasauce
1 Tasse Gemüsebrühe (150 ml)
75 g Erdnüsse in der Schale

Den Reis über Nacht einweichen. Am nächsten Tag die Tajine wie gewohnt mindestens 10 Minuten wässern. Den Chinakohl halbieren, vom Strunk befreien und in Streifen, die Frühlingszwiebeln putzen und schräg in ein Zentimeter große Stücke schneiden. Die Paprikaschote von Stiel, Samen und Scheidewänden befreien und würfeln. Ingwer und Knoblauchzehe schälen und klein hacken.

Das Sojaöl in der Tajine erhitzen und die Frühlingszwiebeln darin glasig werden lassen. Das zerkleinerte Gemüse und die Sprossen mit dem abgegossenen Reis vermischen und in die Tajine geben. Mit Salz, Pfeffer und der Sojasauce würzen und die Brühe darübergießen.

Den Deckel auflegen, die Dampfsperre mit kaltem Wasser füllen und alles bei mittlerer Hitze 20–25 Minuten garen. Währenddessen die Erdnüsse schälen, die braunen Häutchen entfernen und die Nüsse in einer Pfanne ohne Fett goldbraun rösten. Direkt vor dem Servieren über das Gericht streuen.

Tajine Thai-Art

VORBEREITUNG: 40 MINUTEN
GARZEIT: 20–25 MINUTEN
FÜR 4 PERSONEN

Zutaten

Für das Gemüse

1 Zwiebel
3–4 Knoblauchzehen
2 Tomaten
4–6 Kartoffeln
2 Karotten
1 Petersilienwurzel
3 Frühlingszwiebeln
¼ Honigmelone
2 Handvoll grüne Erbsen
2 EL Olivenöl
½ TL Senfsamen, schwarz oder gelb
2–3 Gewürznelken
1 Zimtstange
1 Tasse Gemüsebrühe (etwa 150 ml)
1 Prise Schwarzkümmelsamen

Für die Sauce

1 kleine rote Chillischote
250 ml Kokosmilch
1 TL gelbe Currypaste | ½ TL Kräutersalz
1 große Prise Pfeffer
1 Handvoll gehacktes Koriandergrün
4 EL gehackte Erdnüsse

Die Tajine mindestens 10 Minuten wässern. Inzwischen die Zwiebel und den Knoblauch schälen und fein würfeln. Die Tomaten klein schneiden, den Stielansatz dabei entfernen. Die Kartoffeln schälen und würfeln, Karotten und Petersilienwurzel gründlich abbürsten, eventuell schälen und in Scheiben schneiden. Frühlingszwiebeln putzen und in Ringe schneiden, die Honigmelone schälen, von den Kernen befreien und in mundgerechte Stücke schneiden.

Die Tajine innen mit Olivenöl einreiben und bei starker Hitze auf den Herd stellen. Zwiebel, Knoblauch, Senfsamen, Gewürznelken und Zimtstange kurz in der Tajine anbraten. Dann eine klein gehackte Tomate dazugeben, Kartoffelwürfel, Karotten- und Petersilienwurzelscheiben, Erbsen, Honigmelonenstücke, Frühlingszwiebelringe und die zweite Tomate darüberlegen, mit dem Schwarzkümmel bestreuen und mit Gemüsebrühe ablöschen.

Den Deckel auflegen, die Dampfsperre mit kaltem Wasser füllen und das Gemüse bei mittlerer Hitze 20–25 Minuten dünsten.

Die Chilischote in Ringe schneiden. Die Kokosmilch mit der Currypaste, Kräutersalz, Pfeffer, Chiliringen und den gehackten Kräutern verrühren und während der letzten 5 Minuten Garzeit zu dem Gemüse gießen. Zum Servieren die Erdnusssplitter darüberstreuen.

▮ VARIANTEN: *Sie können auch andere Kräuter ganz nach Ihren persönlichen Vorlieben auswählen. Besonders geeignet sind:* ***Estragon, Kerbel, Thymian, Petersilie*** *oder* ***Minze.***

▮ TIPP: *Wenn Sie Ihre Tajine weniger scharf möchten, können Sie vor dem Schneiden die Samen und weißen Scheidewände aus der Chilischote entfernen. Oder Sie legen die Chiliringe kurz in kaltes Wasser, dann lösen sich die Samen von selbst.*

Bohnen-Tajine mit Zuckermais

VORBEREITUNG: 30 MINUTEN
GARZEIT: 25–30 MINUTEN
FÜR 4 PERSONEN

Zutaten

2 Zwiebeln | 1 Tomate
6–8 Kartoffeln | 2 rote Paprikaschoten
300 g grüne Bohnen
2 EL neutrales Pflanzenöl
150 g Zuckermais (aus der Dose)
½ TL Salz
½ TL frisch gemahlener weißer Pfeffer
½ TL Chilipulver | ½ TL Currypulver
2 Tassen Gemüsebrühe (etwa 300 ml)
1 Bund Petersilie oder Koriandergrün
200 g Parmesan, frisch gerieben

Die Tajine mindestens 10 Minuten wässern. Inzwischen die Zwiebeln schälen, halbieren und in feine Scheiben schneiden. Die Tomate in Stücke schneiden. Die Kartoffeln schälen und würfeln, die Paprikaschoten von Stiel, Samen und Scheidewänden befreien und in Streifen schneiden. Von den Bohnen die Enden abschneiden, die Bohnen, falls nötig, abfädeln und halbieren.

Die Zwiebeln mit der Tomate in der Tajine im Öl bei starker Hitze kurz anbraten. Das Gemüse mit dem Mais und sämtlichen Gewürzen vermengen und in die Tajine geben. Eine Tasse Brühe zufügen, den Deckel auflegen und die Dampfsperre mit kaltem Wasser füllen. Das Gemüse bei mittlerer Hitze 25–30 Minuten garen.

Nach 15 Minuten Garzeit die Kräuterblätter von den Stielen zupfen und fein hacken. Die restliche Brühe mit den Kräutern kurz vor Ende der Garzeit über das Gemüse gießen und mit Parmesan bestreuen. Mit Reis, Couscous oder Brot servieren.

Süßkartoffel-Kürbis-Tajine

EINWEICHEN: 12 STUNDEN
VORBEREITUNG: 30 MINUTEN
GARZEIT: 25–30 MINUTEN
FÜR 4 PERSONEN

Zutaten

100 g getrocknete Kichererbsen
1 Zwiebel | 1–2 Süßkartoffeln
½ Hokkaidokürbis (etwa 500 g)
1 Tomate | 1 Stange Lauch
½ Brokkoli | 2 EL Olivenöl
1 TL Currypulver | Salz
Pfeffer, frisch gemahlen
1 Tasse Gemüsebrühe (etwa 300 ml)
250 ml Kokosmilch

Die Kichererbsen in reichlich kaltem Wasser über Nacht einweichen. Am nächsten Tag die Tajine mindestens 10 Minuten wässern. Inzwischen die Zwiebel schälen und klein hacken. Die Süßkartoffeln schälen, den Kürbis von den Kernen und Fasern befreien und beides würfeln. Die Tomate klein schneiden. Den Lauch gründlich waschen und in Streifen schneiden. Den Brokkoli in Röschen zerteilen.

Das Olivenöl in der Tajine erhitzen und die Zwiebel darin bei starker Hitze kurz anbraten. Tomate, Kürbis, Süßkartoffeln, Lauch, abgegossene Kichererbsen und Currypulver mischen, mit Salz und Pfeffer würzen und in die Tajine geben. Den Brokkoli darauf verteilen und die Brühe angießen.

Den Deckel auflegen, die Dampfsperre mit kaltem Wasser füllen und alles bei mittlerer Hitze etwa 25 Minuten garen. Die Kokosmilch 5 Minuten vor Ende der Garzeit dazugeben. Vor dem Servieren das Ganze mit Salz und Pfeffer abschmecken.

(Foto siehe rechts)

Marokkanische Tomatensauce

VORBEREITUNG: 20 MINUTEN
GARZEIT: 15–20 MINUTEN
FÜR 4 PERSONEN

Zutaten

8 Tomaten | 1 große Zwiebel
1 Bund Koriandergrün | ½ Bund Oregano
2 EL neutrales Pflanzenöl
1 TL Kreuzkümmel | 1 TL Currypulver
1 Tasse Gemüsebrühe oder Wasser
(etwa 300 ml)
Kräutersalz | Pfeffer, frisch gemahlen
Chilipulver | 3–4 Eier (nach Belieben)

Die Tajine mindestens 10 Minuten wässern. Inzwischen die Tomaten mit heißem Wasser überbrühen, enthäuten und in Würfel schneiden. Die Zwiebel schälen und klein hacken. Die Koriander- und Oreganoblätter von den Stielen zupfen und fein hacken.

Das Öl in der Tajine erhitzen und die Zwiebel mit dem Kreuzkümmel darin bei starker Hitze kurz anbraten. Die Tomaten zusammen mit dem Currypulver und den geschnittenen Kräutern dazugeben. Mit Wasser oder Gemüsebrühe ablöschen, den Deckel auflegen und die Dampfsperre mit kaltem Wasser füllen.

Die Sauce bei mittlerer Hitze 15–20 Minuten garen und alle paar Minuten umrühren. Kurz vor Ende der Garzeit mit Salz, Pfeffer und Chilipulver abschmecken. Nach Belieben die Eier einzeln in eine Tasse aufschlagen und in die Sauce gleiten lassen. Noch kurz mit aufgelegtem Deckel stocken lassen. Die Sauce mit Brot, beispielsweise Fladenbrot, servieren und landestypisch ohne Besteck aus der Tajine essen.

(Foto siehe rechts)

Maultaschen mit Sellerie aus der Tajine

VORBEREITUNG: 15 MINUTEN
GARZEIT: 30 MINUTEN
FÜR 4 PERSONEN

Zutaten

2 Zwiebeln | 1 Knoblauchzehe
1 mittelgroße Knolle Sellerie
3–4 EL Rapsöl | 700 g Maultaschen
(beispielsweise mit Spinat)
einige Blätter Liebstöckel
1 Dose gehackte Tomaten (etwa 400 g)
Salz | Pfeffer, frisch gemahlen

Die Tajine mindestens 10 Minuten wässern. Inzwischen die Zwiebeln und den Knoblauch schälen und hacken. Die Sellerieknolle schälen und in Stifte schneiden.

Das Öl in die Tajine geben und den Tajineboden mit Maultaschen auslegen. Die Hälfte der Zwiebel-Knoblauch-Mischung in den Zwischenräumen verteilen und den in Stifte geschnittenen Sellerie darüberstreuen. Dann die zweite gehackte Zwiebel und den Liebstöckel daraufgeben.

Den Deckel auflegen, die Dampfsperre mit kaltem Wasser füllen und die Maultaschen bei starker Hitze 7–12 Minuten (siehe Tipp) braten, sodass sie unten goldbraun werden.

Die gehackten Tomaten mit Salz und Pfeffer würzen, in die Tajine geben und die Maultaschen weitere 20 Minuten bei schwacher Hitze dünsten.

▌TIPP: *Beim Gasherd beträgt die Garzeit etwa 7 Minuten, da die Hitze sofort da ist und die Tajine somit schneller heiß wird. Bei einem Elektroherd erhöht sich die Garzeit um etwa 5 Minuten.*

Mungbohnen-Tajine mit Kokosmilch

EINWEICHEN: 12 STUNDEN
VORBEREITUNG: 30 MINUTEN
GARZEIT: 20–25 MINUTEN
FÜR 4 PERSONEN

Zutaten

1 Tasse getrocknete Mungbohnen
1 kleine Zwiebel | ½ Knolle Sellerie
4 Süßkartoffeln | 1 Knolle Gemüsefenchel
3 Karotten | 1 rote Paprikaschote
20 Blätter Basilikum | 2 EL Olivenöl
Pfeffer, frisch gemahlen | Kräutersalz
1 TL gelbe Currypaste | 250 ml Kokosmilch | 1–2 EL Hefeflocken
Kresse (nach Belieben)

Die Mungbohnen über Nacht in kaltem Wasser einweichen. Am nächsten Tag die Tajine 10 Minuten wässern. Inzwischen die Zwiebel schälen und klein hacken. Den Sellerie und die Süßkartoffeln schälen und würfeln. Den Fenchel putzen und in Streifen schneiden. Die Karotten abbürsten, die Paprika von Stiel, Samen und Scheidewänden befreien; beides quer halbieren und längs in Streifen schneiden. Das Basilikum fein schneiden.

Das Öl in der Tajine erhitzen und die Zwiebel darin bei starker Hitze kurz anbraten. Süßkartoffeln, Fenchel, Sellerie, Karotten, Paprika und die abgegossenen Mungbohnen in der Tajine aufschichten. Das Basilikum darüber verteilen und 150 Milliliter Wasser angießen. Alles mit Pfeffer und Salz würzen. Den Deckel auflegen, die Dampfsperre mit kaltem Wasser füllen und das Gemüse bei mittlerer Hitze 20–25 Minuten dämpfen.

Etwa 5 Minuten vor Ende der Garzeit die Currypaste in der Kokosmilch auflösen und dazugießen; die Hefeflocken darüberstreuen. Nach Belieben die Tajine zum Servieren mit Kresse garnieren.

Walnussbällchen in der Tajine

VORBEREITUNG: 25 MINUTEN
GARZEIT: 45 MINUTEN
FÜR 2 PERSONEN

Zutaten

75 g Walnusskerne
3 Zwiebeln
½ Bund Koriandergrün
100 g Bergkäse, gerieben
40 g Weizenkeime
30 g Semmelbrösel
1 EL gehackte Petersilie | 2 EL Olivenöl
1 Dose gehackte Tomaten (etwa 400 g)
1 EL frische Oreganoblättchen
1 EL Harissa | Salz
Pfeffer, frisch gemahlen

Die Tajine mindestens 10 Minuten wässern. Inzwischen die Walnüsse grob hacken, die Zwiebeln schälen und fein würfeln. Das Koriandergrün waschen, trocken schütteln und fein hacken. Die Keime ebenfalls fein hacken. Den Backofen auf 180 °C vorheizen.

Walnüsse, Zwiebeln, Käse, Semmelbrösel, Weizenkeime und Petersilie zu einer kompakten Masse verarbeiten und Bällchen daraus formen. Die Tajine innen gründlich mit Olivenöl einreiben und die Bällchen hineinlegen.

Die Tomaten mit einer Tasse Wasser, dem Oregano, der Harissa und dem Koriandergrün verrühren, mit Salz und Pfeffer abschmecken und über die Bällchen gießen.

Die Bällchen ohne Deckel bei 180 °C etwa 45 Minuten im Ofen backen und mit Reis oder Couscous servieren.

(Foto siehe rechts)

Tajine »Quattro Fromaggi«

VORBEREITUNG: 30 MINUTEN
GARZEIT: 30 MINUTEN
FÜR 4 PERSONEN

Zutaten

2 Zwiebeln
5–6 Kartoffeln
2 Karotten
350 g Hokkaidokürbis
1 Stange Lauch
2 EL Olivenöl
2 EL Rosinen
1 TL Currypulver
Salz | Pfeffer, frisch gemahlen
200 ml Sahne
70–100 g Allgäuer Emmentaler, gerieben
70–100 g Schweizer Bergkäse, gerieben
70–100 g Gorgonzola, gewürfelt
70–100 g Mozzarella, gewürfelt

Die Tajine mindestens 10 Minuten wässern. Inzwischen die Zwiebeln und Kartoffeln schälen und würfeln. Die Karotten gründlich abbürsten und in Scheiben schneiden, den Kürbis von Kernen und Fasern befreien und würfeln. Die Lauchstange längs spalten, gründlich waschen, um die zwischen den Blättern sitzende Erde zu entfernen, und in Streifen schneiden.

Den Tajineboden innen gründlich mit einem Esslöffel Olivenöl einreiben. Die Zwiebeln mit den Rosinen, dem Currypulver und dem restlichen Öl in die Tajine geben. Kartoffelwürfel, Karottenscheiben, Kürbiswürfel und Lauchstreifen daraufschichten, mit Salz und Pfeffer würzen und 75 Milliliter Wasser angießen.

Den Deckel auflegen, die Dampfsperre mit kaltem Wasser füllen und das Gemüse 30 Minuten bei mittlerer bis starker Hitze dünsten.

Nach 25 Minuten die Sahne über das Gemüse gießen und die geriebenen oder gewürfelten vier Käsesorten in gleichmäßig großen Vierteln dekorativ darüberstreuen. Den Deckel erneut auflegen. Das Gericht, sobald der Käse geschmolzen ist, mit Fladenbrot servieren.

▮ VARIANTEN: *Man kann auch* ***Datteln*** *oder getrocknete* ***Aprikosen*** *– klein gewürfelt und entsteint– anstelle der Rosinen in die Tajine geben.*
Je nach Geschmack können Sie auch andere Käsesorten verwenden, beispielsweise ***Pecorino, Parmesan, Roquefort …***

Altweibersommer

Die Idee zu dieser Tajine hatte Disha B. Bauer.

VORBEREITUNG: 25 MINUTEN
GARZEIT: 25 MINUTEN
FÜR 3–4 PERSONEN

Zutaten

1 große Zwiebel | 3 Knoblauchzehen
500 g breite Stangenbohnen
1 gelbe Zucchini | 1 rote Paprikaschote
2–3 EL Olivenöl | 1 TL körnige Gemüsebrühe | 100 ml Sahne | Salz
Pfeffer, frisch gemahlen
1 TL gehacktes frisches Bohnenkraut
½ TL gehackte frische Salbeiblätter

Die Tajine 10 Minuten wässern. Inzwischen die Zwiebel und den Knoblauch schälen und klein hacken. Die Bohnen putzen, eventuell abfädeln und in mundgerechte Stücke schneiden. Die Zucchini vierteln und in Stücke schneiden. Die Paprikaschote putzen und in feine Streifen schneiden.

Zwiebel und Knoblauch in der Tajine in dem Olivenöl bei starker Hitze kurz anrösten. Bohnen, Zucchini und Paprika mischen und in die Tajine geben. Etwa 200 Milliliter Wasser angießen und die Gemüsebrühe darüberstreuen. Den Deckel auflegen, die Dampfsperre mit kaltem Wasser füllen und das Gemüse etwa 20 Minuten bei mittlerer Hitze dünsten, bis die Bohnen gar sind. Die Sahne darübergießen und alles zugedeckt weitere 5 Minuten köcheln lassen. Mit Salz, Pfeffer, Bohnenkraut und Salbei würzen.

TIPP: *Wer auf dem Elektroherd kocht, kann diesen, nachdem er die Sahne dazugegeben hat, ausschalten. Die Restwärme reicht aus.*

VARIANTE: *Nichts für Vegetarier, aber köstlich: 100 Gramm gewürfeltes Rauchfleisch mit der Sahne in die Tajine rühren.*

Apfel-Weißkohl aus der Tajine

VORBEREITUNG: 20 MINUTEN
GARZEIT: 60–70 MINUTEN
FÜR 4 PERSONEN

Zutaten

1 Kopf Weißkohl | 2 Äpfel
3 EL Butter | 1 EL Zucker
100 ml Gemüsebrühe
1 EL Kümmel | 5 Wacholderbeeren
1 EL Apfel-Fruchtwürze
(aus dem Bioladen; siehe Tipp)
250 ml Apfelsaft | etwa 100 ml Weißwein

Die Tajine mindestens 10 Minuten wässern. Inzwischen den Weißkohl putzen, halbieren, vom Strunk befreien und auf der Gemüsereibe hobeln oder mit dem Messer in feine Streifen schneiden. Die Äpfel halbieren, vom Kerngehäuse befreien, nach Belieben schälen und in kleine Stücke schneiden.

Den Kohl mit der Butter und dem Zucker in der Tajine bei schwacher Hitze kurz anschmoren. Mit der Gemüsebrühe ablöschen. Die Äpfel, den Kümmel, die Wacholderbeeren und die Apfelwürze unterrühren. Den Deckel auflegen, die Dampfsperre mit kaltem Wasser füllen und den Kohl in 60–70 Minuten weich dünsten. Nach und nach immer etwas Apfelsaft mit einem Schuss Weißwein zugießen und unterrühren.

TIPP: *Apfel-Fruchtwürze süßt nicht nur, sondern ist auch sehr aromatisch. Wer sie nicht bekommt, kann auch Ahornsirup oder Agavendicksaft verwenden.*

Apfel-Rotkohl mit Backpflaumen

VORBEREITUNG: 20 MINUTEN
GARZEIT: 60–70 MINUTEN
FÜR 4 PERSONEN

Zutaten

1 Kopf Rotkohl
1 kleine Zwiebel
7 Gewürznelken
2 Äpfel
3 EL Butter
250 ml Gemüsebrühe
3 EL Weißweinessig
5 Wacholderbeeren
5 Backpflaumen
2 Lorbeerblätter
2 EL Apfel-Fruchtwürze (Bioladen)
1 Prise Zimt | 1 EL Honig
250 ml Apfelsaft

Die Tajine mindestens 10 Minuten wässern. Inzwischen den Rotkohl putzen, halbieren, vom Strunk befreien und hobeln oder mit dem Messer in feine Streifen schneiden. Die Zwiebel schälen und mit den Gewürznelken spicken. Die Äpfel schälen, vom Kerngehäuse befreien und klein würfeln.

Den Rotkohl mit der Butter in die Tajine geben und bei schwacher Hitze kurz anschmoren. Die Gemüsebrühe angießen und den Essig zugeben. Äpfel und Zwiebel mit den Wacholderbeeren, Pflaumen, Lorbeerblättern, Apfelwürze, Zimt und Honig in den Kohl rühren.

Den Deckel aufsetzen, die Dampfsperre mit kaltem Wasser füllen und den Kohl in 60–70 Minuten weich dünsten. Nach und nach den Apfelsaft zugießen und unterrühren.

(Foto siehe links)

Tortellini mit Gemüse

VORBEREITUNG: 35 MINUTEN
GARZEIT: 40 MINUTEN
FÜR 4 PERSONEN

Zutaten

1 Zwiebel | 2 große Kohlrabi
4–5 Tomaten | 400 g Rosenkohl
1 große Knoblauchzehe
3 EL Olivenöl | 250 g getrocknete Tortellini mit Käsefüllung
2–3 Tassen Gemüsebrühe (300–450 ml)
Salz | Pfeffer, frisch gemahlen

Die Tajine mindestens 10 Minuten wässern. Inzwischen die Zwiebel schälen und fein hacken. Die Kohlrabi schälen und in etwa zwei Zentimeter breite Stifte schneiden. Die Tomaten in Scheiben schneiden, den Stielansatz dabei entfernen. Die Rosenkohlröschen putzen und halbieren. Den Knoblauch schälen und grob hacken.

Die Zwiebel mit dem Olivenöl in die Tajine geben und den Kohlrabi locker darüberschichten. Die Tortellini in der Mitte auf die Kohlrabi häufen und die Tomatenscheiben über die Tortellini legen. Die halbierten Rosenkohlröschen über allem verteilen und den Knoblauch auf den Rosenkohl streuen. Zwei Tassen Gemüsebrühe angießen und alles mit Salz und Pfeffer würzen. Den Deckel auflegen und die Dampfsperre mit Wasser füllen.

Die Tortellini erst 5 Minuten bei starker und dann etwa 35 Minuten bei mittlerer Hitze dünsten, bis sie weich sind. Die dritte Tasse Gemüsebrühe bei Bedarf nach 10–15 Minuten dazugeben.

▌TIPP: *Sie können auch frische Tortellini aus dem Kühlregal verwenden. Dann reicht eine Tasse Gemüsebrühe und die Kochzeit verkürzt sich auf etwa 30 Minuten.*

Tajine »So bunt ist der Herbst«

VORBEREITUNG: 30 MINUTEN
GARZEIT: 20–25 MINUTEN
FÜR 4 PERSONEN

Zutaten

1 kleine Zwiebel
1 mittelgroße Rote Bete
4 Kartoffeln
½ Blumenkohl
½ Hokkaidokürbis (etwa 500 g)
1 Tomate
2 EL Olivenöl
½ TL Koriandersamen
1 TL Senfsamen
1 TL Schwarzkümmelsamen
1 Knoblauchzehe
1 Bund glatte Petersilie
200 ml Sojasahne
2 EL weißes Mandelmus
1 TL Currypulver
Pfeffer, frisch gemahlen
Kräutersalz

Die Tajine mindestens 10 Minuten wässern. Die Zwiebel schälen und würfeln. Rote Bete und Kartoffeln schälen und in mundgerechte Stücke schneiden. Den Blumenkohl in kleine Röschen zerteilen. Den Kürbis von Kernen und Fasern befreien und ebenfalls in Stücke schneiden. Die Tomate in Scheiben schneiden, den Stielansatz dabei entfernen.

Die Tajine innen mit dem Olivenöl einreiben und Zwiebel, Koriander- und Senfsamen darin bei starker Hitze anbraten, bis die Samen anfangen zu knacken. Tomate, Rote Bete, Kartoffeln, Blumenkohl und Hokkaidokürbis in dieser Reihenfolge in der Tajine aufschichten. Mit dem Schwarzkümmel bestreuen und mit einer Tasse Wasser ablöschen.

Den Deckel auflegen, die Dampfsperre mit kaltem Wasser füllen und das Gemüse 20–25 Minuten bei mittlerer Hitze garen. Währenddessen den Knoblauch schälen und fein hacken. Die Petersilie waschen und trocken schütteln, die Blätter von den Stielen zupfen und hacken. Sojasahne, Mandelmus, Knoblauch, Petersilie und Currypulver verrühren, mit Pfeffer und Salz würzen und nach 20 Minuten Garzeit in die Tajine geben.

▮ PASST GUT DAZU: *Zu dieser farblich sehr schön abgestimmten Tajine schmecken hervorragend knackiger Bataviasalat in Olivenöl-Balsamico-Dressing und Basmatireis.*

Maultaschen-Tajine mit Pfifferlingen

VORBEREITUNG: 30 MINUTEN
GARZEIT: 30 MINUTEN
FÜR 4 PERSONEN

Zutaten

400 g Pfifferlinge
700 g Gemüsemaultaschen
2 Zwiebeln | 1 Knoblauchzehe
¼ Knolle Sellerie
1 kleines Bund Liebstöckel
8 Stängel Thymian | 3–4 EL Rapsöl
200 ml Sahne | Salz
Pfeffer, frisch gemahlen

Die Tajine mindestens 10 Minuten wässern. Die Pfifferlinge mit feuchtem Küchenpapier vorsichtig abreiben, um anhaftenden Schmutz zu entfernen. Große Exemplare halbieren. Die Zwiebeln und den Knoblauch schälen und würfeln. Den Sellerie schälen und in Stifte schneiden. Die Kräuter waschen, trocken schütteln, die Blätter von den Stielen zupfen und fein hacken.

Den Tajineboden innen gründlich mit dem Rapsöl einreiben und die Maultaschen nebeneinander hineinlegen. Eine gehackte Zwiebel und den Knoblauch in die Zwischenräume geben und die Pfifferlinge darüber verteilen. Die zweite gehackte Zwiebel und den in Stifte geschnittenen Sellerie daraufgeben. Die gehackten Kräuter darüberstreuen.

Den Deckel auflegen, die Dampfsperre mit Wasser füllen und die Tajine auf den Herd stellen. Etwa 7 Minuten (Gasherd) oder 12 Minuten (Elektroherd) bei starker Hitze braten, sodass die Maultaschen unten goldbraun werden. Die Sahne mit Salz und Pfeffer würzen, in die Tajine gießen und alles etwa 20 Minuten bei schwacher Hitze köcheln lassen.

Kürbis-Tajine mit Mais

VORBEREITUNG: 30 MINUTEN
GARZEIT: 20–25 MINUTEN
FÜR 4 PERSONEN

Zutaten

1 Zwiebel | 1 Knoblauchzehe
1 Tomate | 1 Süßkartoffel
1 kleiner Hokkaidokürbis (etwa 700 g)
1 Knolle Gemüsefenchel
1 Kolben Zuckermais
1 kleiner Brokkoli | 1 Stange Lauch
3 EL Olivenöl | 1 TL Currypulver
½ TL Schwarzkümmelsamen
100 ml Gemüsebrühe
½ Bund glatte Petersilie
200 ml Sahne | Kräutersalz
Pfeffer, frisch gemahlen

Die Tajine mindestens 10 Minuten wässern. Die Zwiebel und den Knoblauch schälen und fein hacken. Die Tomate in Stücke schneiden. Die Süßkartoffel schälen, den Kürbis von Kernen und Fasern befreien und beides in mundgerechte Stücke schneiden. Den Fenchel und den Maiskolben vierteln. Den Brokkoli in Röschen teilen, den Lauch gründlich waschen und in Ringe schneiden.

Den Tajineboden innen mit dem Olivenöl einreiben und Zwiebel, Tomate, Knoblauch und Currypulver darin bei starker Hitze kurz anbraten. Kürbis, Süßkartoffel, Fenchel, Mais, Brokkoli und Lauch in dieser Reihenfolge in die Tajine schichten. Mit dem Schwarzkümmel bestreuen und die Brühe angießen. Zugedeckt mit gefüllter Dampfsperre 20–25 Minuten bei mittlerer Hitze garen.

Die Petersilie waschen und fein hacken. Mit der Sahne mischen, mit Salz und Pfeffer würzen und für die letzten 5 Minuten dazugeben. Mit Reis oder Couscoussalat (siehe Seite 27) servieren.

Kartoffel-Mais-Tajine mit Paprika

VORBEREITUNG: 25 MINUTEN
GARZEIT: 20 MINUTEN
FÜR 2 PERSONEN

Zutaten

1–2 Zwiebeln | 2 Fleischtomaten
8 Kartoffeln | 2 grüne Paprikaschoten
200 g Maiskörner oder 1 Kolben Zuckermais | 2 EL Olivenöl oder Smen
½ TL Salz | ½ TL frisch gemahlener weißer Pfeffer | 1 TL Harissa
1 Tasse Gemüsebrühe oder Wasser (etwa 150 ml) | ½ Bund Petersilie oder Koriandergrün | 2 Eier

Die Tajine mindestens 10 Minuten wässern. Inzwischen die Zwiebeln schälen und zusammen mit den Tomaten klein schneiden. Die Kartoffeln schälen und würfeln. Die Paprikaschoten von Stiel, Samen und Scheidewänden befreien und in Streifen schneiden. Von dem Maiskolben, falls verwendet, die Körner abschneiden.

Die Zwiebeln bei starker Hitze in der Tajine in dem Olivenöl oder Smen glasig anbraten. Tomaten, Kartoffeln und Paprika mit den Gewürzen vermengen und dazugeben. Den Mais darüber verteilen. Eine halbe Tasse Brühe oder Wasser zufügen. Den Deckel auflegen, die Dampfsperre mit kaltem Wasser füllen und alles bei mittlerer Hitze etwa 20 Minuten garen.

Die Petersilie oder das Koriandergrün waschen, trocken schütteln und die Blätter hacken. Die Eier mit den Kräutern verrühren, kurz vor Ende der Garzeit über das Gemüse gießen und kurz bei aufgelegtem Deckel stocken lassen.

Pastinaken-Rosenkohl-Tajine

VORBEREITUNG: 20 MINUTEN
GARZEIT: 20 MINUTEN
FÜR 4 PERSONEN

Zutaten

1 kleine Zwiebel | 1 Tomate
15–20 Rosenkohlröschen
8 Pastinaken | 2 EL Pflanzenöl
Kräutersalz | Pfeffer, frisch gemahlen
Muskatnuss, frisch gerieben
1 Tasse Gemüsebrühe oder Wasser (etwa 150 ml)
100 ml Sahne (nach Belieben)
½ TL Currypulver (nach Belieben)
2 EL Schnittlauchröllchen
2 EL gehackte glatte Petersilie

Die Tajine mindestens 10 Minuten wässern. Inzwischen die Zwiebel schälen und fein hacken und die Tomate würfeln. Den Rosenkohl putzen und jedes Röschen vierteln. Die Pastinaken gründlich abbürsten oder schälen und würfeln.

Zwiebel und Tomate in der Tajine in dem Öl bei starker Hitze kurz anbraten. Umrühren. Den Rosenkohl und die Pastinaken dazugeben. Mit Kräutersalz, Pfeffer und Muskatnuss würzen. Die Gemüsebrühe angießen, den Deckel auflegen, die Dampfsperre mit kaltem Wasser füllen und alles bei mittlerer Hitze etwa 20 Minuten garen.

Falls verwendet 5 Minuten vor Ende der Garzeit die Sahne mit dem Currypulver verrühren und dazugeben. Zum Servieren das Gericht mit Kräutersalz abschmecken und Schnittlauchröllchen und gehackte Petersilie darüberstreuen.

Scharfe Maronen-Steinpilz-Tajine

Wenn Sie zu den Pilzsammlern zählen, sollten Sie diese Tajine zum krönenden Abschluss Ihrer Pilzwanderung machen.

VORBEREITUNG: 25 MINUTEN
GARZEIT: 20 MINUTEN
FÜR 4 PERSONEN

Zutaten

1 Zwiebel
6–8 Kartoffeln
6–8 Steinpilze
1 Pfirsich
4 Frühlingszwiebeln
2 EL Olivenöl
8–12 gegarte Maronen (Vakuumpack)
2 EL gehackte Haselnusskerne
1 Tasse Gemüsebrühe (etwa 150 ml)
Salz
Pfeffer, frisch gemahlen
Muskatnuss, frisch gerieben
200 ml Sahne
1 TL rote Currypaste
100 g Bergkäse, gerieben
2 EL Schnittlauchröllchen oder Kresse

Die Tajine mindestens 10 Minuten wässern. Inzwischen die Zwiebel schälen und fein hacken. Die Kartoffeln schälen und in Scheiben schneiden, die Pilze putzen und längs in etwa zentimeterdicke Stücke schneiden. Den Pfirsich würfeln. Die Frühlingszwiebeln putzen und schräg in Scheiben schneiden.

Die Zwiebel bei starker Hitze in der Tajine in dem Olivenöl kurz anbraten. Die Kartoffeln, die Pilze, den Pfirsich, die Frühlingszwiebeln, die Maronen und die Haselnüsse gut durchmischen und dazugeben. Die Brühe angießen und alles mit Salz, Pfeffer und Muskatnuss würzen. Den Deckel auflegen, die Dampfsperre mit Wasser füllen und sämtliche Zutaten bei mittlerer Hitze 20 Minuten im Dampf garen.

Kurz vor Ende der Garzeit prüfen, ob die Kartoffeln weich sind. Die Sahne mit der Currypaste verrühren und zusammen mit dem Käse in die Tajine geben. Den Deckel noch einmal kurz auflegen, bis der Käse geschmolzen ist. Das Gericht mit Schnittlauchröllchen oder Kresse garnieren und servieren.

▮ VARIANTEN: *Anstelle der Kresse passt auch gehackte* ***glatte Petersilie*** *in diese Tajine. Falls gerade keine Steinpilzsaison ist, kann man für dieses Gericht auch Zuchtpilze wie beispielsweise* ***Champignons*** *oder* ***Austernpilze*** *verwenden, die das ganze Jahr über erhältlich sind und den Pfirsich könnte man durch Mango ersetzen.*

Tajine mit Wirsing und Pastinaken

VORBEREITUNG: 25 MINUTEN
GARZEIT: 20–25 MINUTEN
FÜR 4 PERSONEN

Zutaten

½ Kopf Wirsing
4–5 Pastinaken
1 kleine Zwiebel
1 Apfel
2 EL Pflanzenöl
Salz | Pfeffer, frisch gemahlen
edelsüßes Paprikapulver
Muskatnuss, frisch gerieben
1–2 Tassen Gemüsebrühe (etwa 250 ml)
100 g Semmelbrösel | 3 EL Weinbrand

Die Tajine mindestens 10 Minuten wässern. Inzwischen den Wirsing vom Strunk befreien und in feine Streifen schneiden. Die Pastinaken schälen und würfeln. Die Zwiebel schälen und klein hacken. Den Apfel schälen, vom Kerngehäuse befreien und reiben.

Die Zwiebel in der Tajine in dem Pflanzenöl bei starker Hitze kurz anbraten. Die Wirsingstreifen mit dem geriebenen Apfel vermengen und zusammen mit den Pastinaken in die Tajine schichten. Nach Geschmack mit Salz, Pfeffer, Paprikapulver und Muskatnuss würzen. Eine Tasse Gemüsebrühe angießen, die Semmelbrösel darüberstreuen und mit dem Weinbrand beträufeln.

Den Deckel auflegen, die Dampfsperre mit kaltem Wasser füllen und das Gemüse bei mittlerer Hitze 20–25 Minuten garen. Zwischendurch die Flüssigkeitsmenge kontrollieren und gegebenenfalls die restliche Brühe dazugeben.

Tajine für Kinder

Diese Tajine ist nicht nur für Kinder, sondern wurde auch von einem von ihnen, dem neunjährigen Simon, kreiert.

VORBEREITUNG: 25 MINUTEN
GARZEIT: 30 MINUTEN
FÜR 3–4 KINDER

Zutaten

1 Zwiebel | 3 Kartoffeln
1 Handvoll grüne Bohnen
¼ Blumenkohl
4 Karotten | 1 Stange Lauch
2 EL Olivenöl
2–3 EL grüne Erbsen
Kräutersalz | Pfeffer, frisch gemahlen
100 ml Sahne | 1 TL Currypulver

Die Tajine 10 Minuten wässern. Inzwischen die Zwiebel schälen und klein schneiden. Die Kartoffeln schälen und würfeln. Die Bohnen putzen, eventuell abfädeln und quer halbieren. Den Blumenkohl in Röschen teilen. Karotten und Lauch gründlich waschen und in Stücke schneiden.

Die Tajine innen gründlich mit dem Olivenöl einreiben. Zwiebel, Kartoffeln, grüne Bohnen, Karotten, Lauch, Blumenkohl und Erbsen in der Reihenfolge in die Tajine schichten. Mit einer halben Tasse Wasser übergießen und mit Kräutersalz und Pfeffer würzen.

Den Deckel auflegen, die Dampfsperre mit kaltem Wasser füllen, die Tajine auf den Herd stellen und das Gemüse bei mittlerer Hitze etwa 30 Minuten dünsten. Kurz vor Ende der Garzeit die Sahne mit dem Currypulver verrühren und über das Gericht gießen.

(Foto siehe rechts)

Geflügel

Hähnchenfleisch ist überall beliebt, der marokkanische Bauer verzehrt es ebenso gerne wie wir. Er hält auf seinem Grundstück frei laufende, pickende und Eier legende Tiere und bereitet deren mageres Fleisch *abwechslungsreich* und *aromatisch* in der Tajine zu. Hierzulande garen wir manchmal nur das Brustfilet oder eine Keule. Und neben dem Hähnchen kommt bei uns auch anderes Geflügel, beispielsweise Pute, auf den Tisch. In der Tajine wird das Fleisch besonders *zart und saftig*. Heben Sie den Deckel und lassen Sie sich von den Aromen verzaubern!

Hähnchen-Tajine mit eingelegten Zitronen und Oliven

VORBEREITUNG: 30 MINUTEN
GARZEIT: 40–50 MINUTEN
FÜR 4 PERSONEN

Zutaten

1 Hähnchen
2 große Zwiebeln
2 Knoblauchzehen
1 Bund Koriandergrün
½ Bund Petersilie
4 EL Olivenöl
1 TL gemahlener Kreuzkümmel
1 TL edelsüßes Paprikapulver
½ TL Safranfäden
Salz | Pfeffer, frisch gemahlen
1½ eingelegte Zitronen (siehe Seite 25)
24 gemischte Oliven (schwarz und grün)

Die Tajine mindestens 10 Minuten wässern. Inzwischen das Hähnchen in acht Stücke zerteilen (Ober- und Unterschenkel, Brusthälften und Flügel). Die Hähnchenstücke gründlich waschen und trocken tupfen. Die Zwiebeln und den Knoblauch schälen und fein hacken. Das Koriandergrün und die Petersilie waschen, trocken schütteln, die Blätter von den Stielen zupfen und hacken.

Zwiebeln und Knoblauch in der Tajine bei starker Hitze in dem Olivenöl glasig anschwitzen. Mit je einem halben Teelöffel Kreuzkümmel, Paprikapulver, Safranfäden, Salz und Pfeffer würzen, mit 250 Milliliter Wasser ablöschen und zusammen mit dem fein gehackten Koriandergrün und der Petersilie gut verrühren. Die Hähnchenstücke in die Tajine legen und gründlich in der Sauce wenden, sodass sie von allen Seiten damit überzogen sind.

Den Deckel auflegen, die Dampfsperre mit kaltem Wasser füllen und die Geflügelstücke bei mittlerer Hitze 30–40 Minuten garen, bis sich das Fleisch ganz leicht vom Knochen lösen lässt. Nach 25 Minuten Garzeit den Ofen auf 210 °C vorheizen.

Die Hähnchenstücke in einen zweiten Tajineboden oder in eine andere ofenfeste Form legen, mit etwas Sauce einpinseln und im Ofen in 10 Minuten goldbraun braten. In der Zwischenzeit je einen halben Teelöffel Kreuzkümmel und Paprikapulver unter die Garflüssigkeit in der Tajine rühren. Die eineinhalb eingelegten Zitronen vierteln, mit den Oliven dazugeben und die Sauce kurz einkochen lassen.

Die Hähnchenstücke in der Form aus dem Ofen nehmen, mit den Zitronen und den Oliven garnieren und mit der Sauce beträufeln.

▮ SCHON GEWUSST? *Für dieses Gericht können Sie sowohl Oliven mit Stein als auch entsteinte verwenden. Oliven mit Stein sind aromatischer, aber die Steine in den Oliven beeinträchtigen für manche den Genuss.*

M'hammar-Tajine mit Hähnchen

VORBEREITUNG: 35 MINUTEN
GARZEIT: 50–55 MINUTEN
FÜR 4 PERSONEN

Zutaten

1 Hähnchen (vorzugsweise in Bioqualität)
2 große Zwiebeln
3 Knoblauchzehen
1 Bund Koriandergrün
125 g Butter
125 ml Erdnussöl
1 TL gemahlener Ingwer
1 TL gemahlener Kreuzkümmel
1 TL edelsüßes Paprikapulver
1 TL Kurkuma
½ TL Safranfäden
Salz
Pfeffer, frisch gemahlen

Die Tajine mindestens 10 Minuten wässern. Inzwischen das Hähnchen in vier oder sechs Stücke zerteilen. Die Geflügelteile unter fließendem, kaltem Wasser gründlich waschen und trocken tupfen. Die Zwiebeln und den Knoblauch schälen und fein hacken. Das Koriandergrün waschen, trocken schütteln, die Blätter von den Stielen zupfen und fein hacken.

Die Hälfte der Butter zerlassen, mit der Hälfte des Erdnussöls in die Tajine geben und mit den Zwiebeln, dem Knoblauch, dem Koriandergrün, sämtlichen Gewürzen sowie etwas Salz und Pfeffer gründlich vermengen. Die Hähnchenstücke hinzufügen und in der Mischung wenden. 300 Milliliter Wasser angießen, bei starker Hitze zum Kochen bringen und das Fleisch erneut in der Sauce wenden.

Die Hitze auf mittlere Temperatur reduzieren, den Deckel auflegen und die Dampfsperre mit kaltem Wasser füllen. Das Fleisch 45–50 Minuten schmoren, bis es sich leicht vom Knochen lösen lässt. Währenddessen zwei- bis dreimal prüfen, ob noch ausreichend Wasser in der Tajine ist, und die Hähnchenteile mehrmals in der Sauce wenden. Bei Bedarf etwas Wasser nachgießen.

Kurz vor dem Ende der Garzeit die restliche Butter und das übrige Erdnussöl in einer Pfanne erhitzen. Die gegarten Fleischstücke hineingeben und in etwa 5 Minuten knusprig anbraten. Währenddessen die Sauce in der Tajine ein wenig einkochen lassen.

Die Hähnchenstücke entweder in der Tajine oder auf einer Platte anrichten, mit der Sauce überziehen und servieren.

▌TIPP: *Zum Servieren kann man das Fleisch zusätzlich mit halbierten hart gekochten Eiern, frittierten Kartoffelscheiben oder gerösteten Mandeln garnieren.*

▌SCHON GEWUSST? *M'hammar bezeichnet eine rote Sauce aus Butter, Paprikapulver, Knoblauch, Safran, Ingwer und Zwiebeln, der noch weitere Gewürze wie Kreuzkümmel hinzugefügt werden können.*

African Tajine

VORBEREITUNG: 35 MINUTEN
GARZEIT: 20–25 MINUTEN
FÜR 4 PERSONEN

Zutaten

2–3 Hähnchenbrustfilets (etwa 400 g)
4 rote Zwiebeln
4 Karotten
1 Zucchini
1 walnussgroßes Stück Ingwer
2 EL Olivenöl
3 TL Harissa
1 TL Koriandersamen
1 TL Kreuzkümmel
200 ml Gemüsebrühe
40 g Rosinen
Zitronensaft
Salz | Pfeffer, frisch gemahlen

Die Tajine mindestens 10 Minuten wässern. Inzwischen das Geflügelfleisch in Streifen schneiden. Die Zwiebeln schälen und fein hacken. Die Karotten schälen. Karotten und Zucchini in Scheiben schneiden. Den Ingwer schälen und reiben.

Das Olivenöl in der Tajine erhitzen und die Fleischstreifen darin bei starker Hitze scharf anbraten. Die Zwiebeln, den geriebenen Ingwer, Harissa, Koriandersamen und Kreuzkümmel unterrühren, kurz mitbraten und mit der Gemüsebrühe ablöschen.

Den Herd auf mittlere Hitze schalten und die Zucchini und Karotten mit den Rosinen auf den Hähnchenstreifen verteilen. Nach Geschmack salzen und pfeffern.

Den Deckel aufsetzen, die Dampfsperre mit kaltem Wasser füllen und alles 20–25 Minuten garen, bis das Gemüse bissfest und das Fleisch komplett durchgegart ist. Mit Zitronensaft abschmecken und sofort servieren.

PASST GUT DAZU: *Der Couscoussalat von Seite 27 schmeckt hervorragend zu dieser Tajine.*

TIPP: *Wenn man den Ingwer auf einer speziellen Ingwerreibe reibt, bleiben die harten Fasern in der Reibe zurück und man gibt nur das aromatische, weiche Fruchtfleisch zum Gericht.*

Moqueca de Frango

VORBEREITUNG: 35 MINUTEN
GARZEIT: 40–45 MINUTEN
FÜR 2 PERSONEN

Zutaten

2 Hähnchenbrustfilets (etwa 300 g)
1 Zwiebel | 4 Kartoffeln | 2 Karotten
je 1 rote und grüne Paprikaschote
3 EL Olivenöl | 2 TL Harissa
Salz | Pfeffer, frisch gemahlen
200 g gehackte Tomaten (aus der Dose)
250 ml Kokosmilch | 3 EL Palmöl
2 TL gehacktes Koriandergrün

Die Tajine mindestens 10 Minuten wässern. Inzwischen die Hähnchenbrustfilets in mundgerechte Stücke schneiden. Die Zwiebel schälen und fein hacken. Die Kartoffeln und Karotten schälen und in Scheiben schneiden. Die Paprikaschoten von Stiel, Samen und Scheidewänden befreien und in Streifen schneiden.

Die Tajine bei mittlerer Hitze auf den Herd stellen. Die Zwiebel zusammen mit dem Olivenöl und der Harissa in die schon leicht vorgeheizte Tajine geben und verrühren. Das vorbereitete Gemüse mit den Fleischstücken darüberlegen und mit Salz und Pfeffer würzen. Die Tomaten und 75 Milliliter Wasser darüber verteilen und die Kokosmilch und das Palmöl hinzufügen.

Den Deckel auflegen, die Dampfsperre mit kaltem Wasser füllen und alles bei mittlerer Hitze 20–25 Minuten garen, bis die Kartoffeln weich sind. Mit den Kräutern dekorieren und mit Reis servieren.

(Foto siehe links)

Scharfes Hähnchen

VORBEREITUNG: 30 MINUTEN
GARZEIT: 45–50 MINUTEN
FÜR 4 PERSONEN

Zutaten

2 Tomaten | 2 Zwiebeln
3 Knoblauchzehen | 1 EL Tomatenmark
2 TL Zhug oder Harissa
Salz | Pfeffer, frisch gemahlen
1 Hähnchen (vorzugsweise in Bioqualität)
2 EL Olivenöl | 1 frische Habanero-Chilischote | 1 Lorbeerblatt

Die Tomaten mit kochendem Wasser überbrühen, enthäuten und würfeln. Die Zwiebeln und den Knoblauch schälen und ebenfalls würfeln. Mit Zhug oder Harissa und dem Tomatenmark pürieren und die Paste mit Salz und Pfeffer abschmecken. Währenddessen die Tajine wässern.

Das Hähnchen waschen, enthäuten, trocken tupfen und in vier Stücke zerteilen. Die Geflügelteile gründlich mit der Paste einreiben. Das Olivenöl bei hoher Temperatur in der Tajine erhitzen und die Hähnchenstücke mit der Chilischote und dem Lorbeerblatt in die vorgeheizte Tajine geben.

Den Deckel auflegen, die Dampfsperre mit kaltem Wasser füllen und das Fleisch bei schwacher Hitze 45–50 Minuten garen. Zwischendurch den Deckel mehrmals nur ganz kurz anheben und die Hähnchenstücke rasch wenden, sodass möglichst wenig Hitze verloren geht.

PASST GUT DAZU: *Am besten schmeckt zu dem scharfen Hähnchen Reis oder Couscous.*

TIPP: *Habanero-Chilischoten verleihen dieser Tajine richtig Feuer. Wer es nicht ganz so scharf mag, entfernt die Samen und Scheidewände oder greift zu einer milderen Sorte.*

Fruchtige Hähnchen-Tajine

VORBEREITUNG: 25 MINUTEN
GARZEIT: 45–50 MINUTEN
FÜR 4 PERSONEN

Zutaten

1 Hähnchen (vorzugsweise in Bioqualität)
½ TL Safranfäden
1 große Zwiebel
3 Knoblauchzehen
1 eingelegte Zitrone (siehe Seite 25)
4 EL Olivenöl
2 TL Ingwerpulver
Salz | Pfeffer, frisch gemahlen
8 Datteln
4 Feigen
200 g Couscous
frische Kräuter zum Garnieren

Die Tajine wie immer mindestens 10 Minuten wässern. Inzwischen das Hähnchen enthäuten und in acht Stücke zerteilen (Ober- und Unterschenkel, Brusthälften und Flügel). Die Geflügelstücke gründlich waschen und trocken tupfen. Die Safranfäden in 125 Milliliter warmem Wasser einweichen. Die Zwiebel und die Knoblauchzehen schälen und fein hacken. Die eingelegte Zitrone vierteln.

Die Zwiebel und den Knoblauch in der Tajine bei starker Hitze in dem Olivenöl glasig anschwitzen. Die Hähnchenteile, das Ingwerpulver, die Zitronenviertel, Salz und Pfeffer nach Geschmack und etwa 300 Milliliter Wasser dazugeben.

Den Deckel auflegen, die Dampfsperre mit kaltem Wasser füllen und die Geflügelstücke bei mittlerer Hitze 45–50 Minuten schmoren, bis sich das Fleisch leicht vom Knochen lösen lässt. Währenddessen zwei- bis dreimal prüfen, ob noch genügend Flüssigkeit in der Tajine ist, und die Hähnchenteile wenden. Bei Bedarf noch etwas Wasser nachgießen.

Etwa 15 Minuten vor dem Ende der Garzeit die Datteln halbieren und entsteinen, die Feigen vierteln. Zu dem Fleisch in die Tajine geben und das Safranwasser darübergießen.

Den Couscous nach Packungsanleitung zubereiten und mit frischen Kräutern garnieren. Den Couscous entweder separat in einer Schale und mit einem grünen Salat zu dem Hähnchen in der Tajine servieren oder aber alles stilgerecht auf einem großen runden Metalltablett anrichten: zuerst den Couscous, darauf die Hähnchenteile und Trockenfrüchte mit der Sauce.

Hähnchen-Tajine mit Rosinen

VORBEREITUNG: 30 MINUTEN
GARZEIT: 45–50 MINUTEN
FÜR 4 PERSONEN

Zutaten

1 Hähnchen (vorzugsweise in Bioqualität)
2–3 Zwiebeln | 3–4 Knoblauchzehen
3 Tomaten | 2–3 EL Olivenöl
30 g Rosinen | ½ TL Kreuzkümmel
½ TL Paprikapulver | ½ TL Kurkuma
½ TL gemahlener Zimt
1 TL Salz | ½ TL Pfeffer
½ TL Harissa oder Chilipaste
2–3 TL gehackte Petersilie zum Garnieren

Die Tajine mindestens 10 Minuten wässern. Inzwischen das Hähnchen in sechs bis acht Teile zerteilen, enthäuten, waschen und trocken tupfen. Die Zwiebeln schälen und in Ringe schneiden, den Knoblauch schälen und fein hacken. Die Tomaten mit kochendem Wasser überbrühen, enthäuten und in Würfel schneiden, den Stielansatz dabei entfernen.

Das Olivenöl in der Tajine bei mittlerer bis hoher Temperatur erhitzen und die Hähnchenstücke darin auf allen Seiten anbraten. Danach die restlichen Zutaten und die Gewürze dazugeben.

Den Deckel auflegen, die Dampfsperre mit kaltem Wasser füllen und das Fleisch bei mittlerer Hitze 45–50 Minuten garen. Bei Bedarf etwas Flüssigkeit dazugeben. Die Tajine ist fertig, wenn sich das Hähnchenfleisch leicht vom Knochen lösen lässt. Mit Petersilie garnieren und mit Fladenbrot und Salat servieren.

Puten-Kartoffel-Tajine

VORBEREITUNG: 25 MINUTEN
GARZEIT: 30 MINUTEN
FÜR 4 PERSONEN

Zutaten

2 Putensteaks | 2 Zwiebeln
7 Kartoffeln | 1 rote Paprikaschote
1 gelbe Paprikaschote
4 EL Olivenöl | 1 TL Harissa
1 TL Ras el Hanout
Salz | Pfeffer, frisch gemahlen

Die Tajine mindestens 10 Minuten wässern. Inzwischen das Putenfleisch in Streifen schneiden. Die Zwiebeln schälen und würfeln. Die Kartoffeln schälen, waschen und in ein Zentimeter dicke Scheiben schneiden. Die Paprikaschoten von Stiel, Samen und Scheidewänden befreien und in Streifen schneiden.

Die Zwiebeln in der Tajine in dem Olivenöl bei mittlerer Hitze glasig werden lassen. Dann die Kartoffeln hinzufügen. Paprikastreifen und Putenfleisch vermischen und mit Harissa und Ras el Hanout würzen. Auf den Kartoffeln verteilen und 150 Milliliter Wasser angießen.

Den Deckel auflegen, die Dampfsperre mit kaltem Wasser füllen und Fleisch und Gemüse 30 Minuten bei schwacher Hitze schmoren lassen. Mit Salz und Pfeffer abschmecken und servieren.

Hähnchen mit Teigstücken

VORBEREITUNG: 1 STUNDE
GARZEIT: 1 STUNDE
FÜR 6 PERSONEN

Zutaten

Für den Teig

500 g Mehl
½ TL Trockenhefe
1 TL Salz
etwa 230 ml lauwarmes Wasser
1 EL Olivenöl
50 g zerlassene Butter,
plus Butter zum Braten

Für das Hähnchen

1 Hähnchen (vorzugsweise in Bioqualität)
4 Zwiebeln
100 ml Olivenöl
1 TL Smen
1 TL gemahlener Kreuzkümmel
½ TL gemahlener Kurkuma
2 EL Bockshornklee
1 EL Ras el Hanout
2 TL Salz
1 TL frisch gemahlener Pfeffer

Das Mehl in eine Schüssel sieben. In die Mitte eine Mulde drücken und die Hefe sowie einen Teelöffel Salz, 200 Milliliter lauwarmes Wasser, das Olivenöl und die zerlassene Butter hineingeben. Alles von innen nach außen verrühren und dann zu einem festen, geschmeidigen Teig verkneten, falls nötig, noch das restliche Wasser zugeben. Den Teig bei Raumtemperatur 20–30 Minuten gehen lassen.

Den gegangenen Teig noch einmal gut durchkneten und zu sechs Kugeln mit einem Durchmesser von rund sechs Zentimeter formen und diese zum Gehen für 30 Minuten an einen warmen, zugluftfreien Ort stellen.

Die Tajine mindestens 10 Minuten wässern. Inzwischen das Hähnchen in sechs Stücke zerteilen, waschen und trocken tupfen. Die Zwiebeln schälen und würfeln.

Olivenöl und Smen in der Tajine erhitzen. Die Hähnchenstücke mit den Zwiebeln, dem Kreuzkümmel, der Kurkuma, dem Bockshornklee, dem Ras el Hanout, dem Salz und dem Pfeffer etwa 5 Minuten darin anbraten und alles, sobald das Fleisch Farbe angenommen hat, mit 400 Milliliter Wasser ablöschen.

Den Deckel auflegen, die Dampfsperre mit kaltem Wasser füllen und das Fleisch etwa 1 Stunde garen. Zwischendurch die Geflügelstücke immer wieder wenden. Von Zeit zu Zeit den Wasserstand prüfen, gegebenenfalls noch etwas Flüssigkeit zugießen und nachwürzen.

Nach etwa 30 Minuten die Teigkugeln zu Fladen von etwa fünf Millimeter Dicke ausrollen. Etwas Butter in einer beschichteten Pfanne erwärmen und die Teigfladen darin nacheinander bei schwacher bis mittlerer Hitze auf beiden Seiten leicht bräunen. Auf einer großen Platte oder in einer flachen Schale ein Bett aus Teigstücken bereiten und die Geflügelstücke darauf dekorativ anrichten. Mit der Sauce übergießen und sehr heiß servieren.

Indisches Hähnchencurry im Lehmtopf

VORBEREITUNG: 25 MINUTEN
GARZEIT: 30 MINUTEN
FÜR 4 PERSONEN

Zutaten

500 g Hähnchenbrustfilet (vorzugsweise in Bioqualität)
1 rote Zwiebel
2 Knoblauchzehen
1 EL geriebener frischer Ingwer
3 EL Olivenöl
2 TL gemahlener Koriander
½ TL gemahlener Kreuzkümmel
½ TL Garam Masala
½ TL Cayennepfeffer
½ TL Kurkuma
150 ml Geflügelfond
250 ml Kokosmilch
1 Dose gehackte Tomaten (etwa 400 g)
Salz
Pfeffer, frisch gemahlen

Die Tajine mindestens 10 Minuten wässern. Inzwischen das Hähnchenfleisch in mundgerechte Stücke schneiden. Die Zwiebel und den Knoblauch schälen und klein schneiden.

Die Zwiebel, den Knoblauch und den Ingwer zu einer Paste pürieren und in der Tajine bei mittlerer Temperatur in dem Olivenöl anschwitzen. Sämtliche Gewürze dazugeben und 3 Minuten garen, bis sie intensiv duften. Das Hähnchenfleisch untermischen und etwa 5 Minuten anbraten, bis es eine kräftig goldbraune Färbung annimmt. Mit dem Geflügelfond und der Kokosmilch ablöschen. Die Tomaten unterrühren und mit Salz und Pfeffer würzen.

Den Deckel auflegen, die Dampfsperre mit kaltem Wasser füllen und das Fleisch mindestens 30 Minuten ganz leicht köcheln lassen, bis es schön zart ist. Von Zeit zu Zeit die Flüssigkeitsmenge in der Tajine prüfen, umrühren und gegebenenfalls noch etwas Fond zugießen.

▮ PASST GUT DAZU: *Optimal schmeckt zu diesem indischen Hähnchencurry Basmatireis, aber wer mag, kann auch das für Marokko typische Brot oder Couscous dazu servieren.*

▮ SCHON GEWUSST? *Garam Masala ist eine indische Gewürzmischung, die es in jedem Asienladen zu kaufen gibt. Je nach Region und Hersteller kann die Zusammensetzung der Zutaten ganz unterschiedlich ausfallen.*

Rind, Lamm & Wild

Die Töpfer in den marokkanischen Bergen fertigen jede Tajine von Hand, die – obwohl für alle Gerichte geeignet – in erster Linie ein *Fleischtopf* ist. Sie braten Ziege, Lamm, Hammel und Rind scharf an, bevor sie es mit aufgelegtem Deckel fertig schmoren. So erhalten sie *wunderbar zartes Fleisch,* dessen Eigengeschmack sich vortrefflich mit den *Röstaromen* und den *Gewürzen* verbindet. Kombiniert man dieses Fleisch noch mit *Gemüse* oder *Trockenfrüchten* bietet sich einem eine nie geahnte *Geschmacksvielfalt.* Probieren Sie's aus!

Rindfleisch-Okraschoten-Tajine

VORBEREITUNG: 25 MINUTEN
GARZEIT: 1 STUNDE
FÜR 4 PERSONEN

Zutaten

800 g Rindfleisch
1 Zwiebel
5 Tomaten
12–16 Okraschoten
1 Bund Petersilie
2–3 EL Smen
½ TL Ingwerpulver
1 Prise Safranpulver (siehe Tipp)
1 TL frisch gemahlener Pfeffer
½ TL Salz

Die Tajine mindestens 10 Minuten wässern. Inzwischen das Fleisch in große Stücke schneiden. Die Zwiebel schälen und fein hacken. Die Tomaten würfeln, die Stielansätze dabei entfernen. Die Okraschoten am Stielansatz bleistiftspitzenförmig zuschneiden, ohne die Schoten dabei zu verletzen. Die Petersilie waschen und die Blätter fein hacken.

Zwei bis drei Esslöffel Smen in der Tajine bei starker Hitze zerlassen und das Fleisch darin kurz scharf anbraten. Zwiebel, Tomaten und Petersilie dazugeben, mit etwa 200 Milliliter Wasser ablöschen und umrühren.

Den Deckel auflegen, die Dampfsperre mit kaltem Wasser füllen und das Fleisch bei mittlerer Hitze 15–20 Minuten schmoren lassen. Dann einmal umrühren, falls nötig noch etwas Wasser dazugeben und den Ingwer, den Safran, den Pfeffer und das Salz unterrühren.

Die Okraschoten auf die Fleischstücke legen. Alles zugedeckt weitere 30–40 Minuten garen, bis das Fleisch schön zart ist, und das Gericht mit Salz und Pfeffer abschmecken.

▌TIPP: *Mein ganz persönlicher Beilagentipp zu diesem Rindfleischgericht: Kartoffelpüree und Gurkensalat.*
Achten Sie beim Kauf des Safranpulvers darauf, dass auch wirklich nur Safran in dem Gewürz ist. Häufig wird es mit preiswerteren gelben Gewürzen, beispielsweise Kurkuma, vermischt. Sollten Sie sich nicht sicher sein, greifen Sie lieber auf Safranfäden zurück und weichen Sie diese etwa 15 Minuten in ganz wenig warmem Wasser ein, bevor Sie sie in die Tajine geben.

Rindergulasch im Lehmkochtopf

VORBEREITUNG: 30 MINUTEN
GARZEIT: 1 STUNDE 10 MINUTEN
FÜR 6 PERSONEN

Zutaten

2 Zwiebeln
2 Tomaten
3 Kartoffeln
3 Karotten
2 EL Olivenöl
1 kg Rindergulasch
1 EL Harissa
1 TL Ras el Hanout
Salz | Pfeffer, frisch gemahlen
150 ml Rotwein oder Wasser

Die Tajine mindestens 10 Minuten wässern. Inzwischen die Zwiebeln schälen und achteln. Die Tomaten würfeln, den Stielansatz dabei entfernen. Die Kartoffeln und Karotten schälen und in Scheiben schneiden.

Die Zwiebeln in dem Olivenöl in der Tajine bei mittlerer Hitze kurz anschwitzen. Das Rindergulasch dazugeben, mit Harissa, Ras el Hanout, Salz und Pfeffer würzen und in 10 Minuten scharf anbraten. Tomaten, Karotten und Kartoffeln nacheinander auf das Fleisch legen. 150 Milliliter Wasser oder Wein angießen und den Herd auf mittlere Hitze stellen.

Den Deckel aufsetzen, die Dampfsperre mit kaltem Wasser füllen und das Gulasch 60–70 Minuten schmoren. Dann einmal kurz umrühren und servieren. Dazu passt außer dem typischen Fladenbrot auch Reis oder Couscous.

(Foto siehe rechts)

Rinderragout mit Champignons und Quinoa

VORBEREITUNG: 30 MINUTEN
GARZEIT: 50–60 MINUTEN
FÜR 4 PERSONEN

Zutaten

60 g Quinoa
600 g Rindfleisch
(Hüfte oder Unterschale)
2 Knoblauchzehen | 1 cm Ingwer
je 1 kleine rote und grüne Paprikaschote
150 g Champignons
12 Okraschoten | 3 EL Olivenöl
1 TL Ras el Hanout
Salz | Pfeffer, frisch gemahlen

Die Tajine mindestens 10 Minuten wässern und die Quinoakörner mit Wasser bedecken. Inzwischen das Fleisch in Streifen schneiden, den Knoblauch und den Ingwer schälen und ganz fein schneiden. Die Paprikaschoten von Stiel, Samen und Scheidewänden befreien und in Streifen schneiden. Die Champignons mit einem feuchten Küchenpapier abreiben und vierteln. Die Okraschoten am Stielansatz bleistiftspitzenförmig zuschneiden, ohne die Schoten zu verletzen.

Die Fleischstreifen in der Tajine in dem Olivenöl bei starker Hitze anbraten. Dann nacheinander Knoblauch, Ingwer, Paprika und Champignons daraufschichten, mit Ras el Hanout, Salz und Pfeffer würzen und mit etwa 150 Milliliter Wasser übergießen.

Den Deckel auflegen, die Dampfsperre mit kaltem Wasser füllen und alles 20 Minuten bei mittlerer Hitze köcheln lassen. Abgegossenen Quinoa und Okraschoten dazugeben, etwas unterrühren und das Gericht in weiteren 20 Minuten fertig garen.

Rinderschmorbraten

VORBEREITUNG: 35 MINUTEN
GARZEIT: 1 STUNDE 15 MINUTEN
FÜR 6 PERSONEN

Zutaten

2–3 Zwiebeln
2–3 Knoblauchzehen
3 Tomaten
1 rote Paprikaschote
1 grüne Paprikaschote
1 gelbe Paprikaschote
800–1000 g Rinderbraten
Salz | Pfeffer, frisch gemahlen
3 EL Olivenöl
1 TL Kreuzkümmel
1 TL Paprikapulver
½ TL Kurkuma
1 TL Harissa
½ Bund glatte Petersilie

Die Tajine mindestens 10 Minuten wässern. Inzwischen die Zwiebeln schälen und würfeln. Den Knoblauch schälen und fein hacken. Die Tomaten mit kochendem Wasser überbrühen, etwa 10 Sekunden darin liegen lassen, aus dem Wasser nehmen, enthäuten und würfeln. Die Paprikaschoten von Stiel, Samen und Scheidewänden befreien und in Streifen schneiden.

Den Rinderbraten rundherum gründlich mit Salz und frisch gemahlenem Pfeffer einreiben und von allen Seiten in der Tajine in dem Olivenöl scharf anbraten. Danach sämtliches zerkleinertes Gemüse in die Tajine geben und die Gewürze darüberstreuen.

Den Deckel auflegen, die Dampfsperre mit kaltem Wasser füllen und den Braten bei mittlerer Hitze 70– 80 Minuten garen. Falls die Zutaten zu wenig Flüssigkeit abgeben und anfangen, am Tajineboden anzubraten, ein wenig Wasser (etwa 100 Milliliter) dazugeben.

Kurz bevor der Braten fertig ist, die Petersilie waschen und trocken schütteln. Die Blätter von den Stielen zupfen und hacken. Den Braten vor dem Servieren mit der Petersilie garnieren.

PASST GUT DAZU: *Köstlich zu dem Rinderbraten sind Gemüse und Reis. Aber auch das typische Fladenbrot und ein knackiger Salat schmecken gut dazu.*

VARIANTE: *Man kann den **Rinderbraten** vor der Zubereitung auch in einer **Gewürzmarinade** einlegen. Dadurch wird das Fleisch wunderbar zart und aromatisch. Zum Marinieren drei geschälte und gehackte Knoblauchzehen, einen Teelöffel Harissa, 100 Milliliter Olivenöl und frische, gehackte Kräuter, beispielsweise Thymian, Oregano oder Rosmarin verrühren. Den Braten rundherum damit einpinseln und zugedeckt über Nacht im Kühlschrank marinieren.*

Couscous-Tajine

VORBEREITUNG: 40 MINUTEN
GARZEIT: 40–50 MINUTEN
FÜR 4 PERSONEN

Zutaten

125 g Couscous
600 g Rindfleisch (Hohe Rippe)
1 Zwiebel
1 Tomate
2 Kohlrabi
4 Karotten
4 Kartoffeln
3 Zucchini
2 cm Ingwer
2–3 EL Olivenöl
1 TL Ras el Hanout
Salz | Pfeffer, frisch gemahlen
½ TL Safranfäden
50 ml Gemüsebrühe
1 EL Butter (nach Belieben)
5 Stängel glatte Petersilie

Die Tajine mindestens 10 Minuten wässern. Den Couscous mit kaltem Wasser bedecken. Inzwischen das Fleisch in mundgerechte Stücke schneiden. Die Zwiebel schälen und fein würfeln. Die Tomate in Stücke schneiden. Die Kohlrabi und Karotten schälen und in Stifte schneiden. Die Kartoffeln schälen und zusammen mit den Zucchini in Scheiben schneiden. Den Ingwer schälen und ganz fein hacken.

Das Fleisch mit dem Öl, dem Ras el Hanout, Salz, Pfeffer und dem Ingwer in die Tajine geben und goldbraun anbraten. Die Zwiebel und die Tomate hinzufügen, den Safran in 200 Milliliter warmem Wasser auflösen, dazugießen und alles einmal kräftig verrühren.

Kohlrabi, Karotten, Kartoffeln und Zucchini auf dem Fleisch verteilen und in der Mitte des Gemüses eine Mulde formen. Den abgegossenen Couscous in die Mulde geben und die Gemüsebrühe über den Couscous gießen. Den Deckel aufsetzen, kaltes Wasser in die Dampfsperre geben und alles in 30–40 Minuten bei mittlerer Hitze weich garen.

Wer mag, gibt kurz vor dem Servieren einen Esslöffel Butter über den Couscous und legt den Deckel noch einmal kurz auf, damit die Butter schmilzt. Das Gericht mit Petersilienblättern garniert servieren und mit einem leichten Rotwein genießen.

TIPP: *Man kann diese Tajine auch für eine große Runde zubereiten und die Zutatenmengen entsprechend erhöhen. Jedoch wird ab fünf Personen der Couscous getrennt zubereitet. Dann serviert man das Gericht auf einem großen Teller: zuunterst den Couscous, Gemüse, Fleisch und Sauce gibt man darüber.*

VARIANTE: *Wer mag, kann anstelle des Rindfleischs auch* ***Lammkoteletts*** *oder* ***Hähnchenschenkel*** *mit dem Gemüse und dem Couscous auf diese Art zubereiten.*

Gefüllte Paprikaschoten

VORBEREITUNG: 35 MINUTEN
GARZEIT: 35–40 MINUTEN
FÜR 4 PERSONEN

Zutaten

2 Tomaten
1 Zwiebel
2 Knoblauchzehen
4 EL Olivenöl
500 g Hackfleisch vom Rind
1 TL Harissa
1 TL Ras el Hanout
Salz | Pfeffer, frisch gemahlen
4 Paprikaschoten (rot, grün oder gelb)
100 g Schafskäse (Feta)
1 Schuss Weißwein
100 ml passierte Tomaten
1 EL frische italienische Kräuter (beispielsweise Basilikum, Oregano und Rosmarin)

Die Tajine mindestens 10 Minuten wässern. Inzwischen die Tomaten mit kochendem Wasser überbrühen und enthäuten. Die Zwiebel und den Knoblauch schälen. Tomaten, Zwiebel und Knoblauch zusammen fein hacken.

Tomaten, Zwiebel und Knoblauch in dem Olivenöl im Tajineboden kurz anbraten. Das Rinderhackfleisch dazugeben, mit Harissa, Ras el Hanout, Salz und Pfeffer würzen und 15 Minuten bei mittlerer bis starker Hitze unter gelegentlichem Rühren scharf anbraten.

Während das Fleisch brät, von jeder Paprikaschote einen Deckel abschneiden, die Samen und Scheidewände aus dem Inneren der Schoten entfernen und die Schoten ausspülen. Den Schafskäse würfeln, unter das gebratene Hackfleisch rühren und die Paprikaschoten mit der Masse füllen.

Den in der Tajine verbliebenen Bratensatz mit einem guten Schuss Weißwein ablöschen. Die passierten Tomaten und die Kräuter unterrühren und die gefüllten Paprikaschoten hineinstellen. Den Deckel aufsetzen, die Dampfsperre mit kaltem Wasser füllen und die Paprika in etwa 20 Minuten bei mittlerer Hitze bissfest garen.

▮ PASST GUT DAZU: *Am besten schmeckt zu den Paprikaschoten Reis oder Couscous und der Weißwein, der auch schon in der Sauce ist.*

▮ TIPP: *Ich mag die Paprikaschoten gerne noch richtig bissfest. Wer sie weicher möchte, gart sie in der Tajine einfach etwas länger.*

Sauerbraten im Lehmtopf

MARINIEREN: 2–3 TAGE
VORBEREITUNG: 20 MINUTEN
GARZEIT: 1 STUNDE 15 MINUTEN
FÜR 4 PERSONEN

Zutaten

Für den Braten

800 g magerer Rinderbraten
1 Zwiebel
3 EL Smen
2 Tomaten
etwas Mehl

Für die Marinade

1 Karotte
½ kleine Knolle Sellerie
250 ml Essig
2 Gewürznelken
2 Pfefferkörner
1 Lorbeerblatt

Das Fleisch abwaschen, mit Küchenpapier trocken tupfen und in eine Schüssel, in die es gerade so hineinpasst, legen. Die Zwiebel schälen, in Scheiben schneiden und darüber verteilen. Für die Marinade die Karotte und den Sellerie schälen und klein würfeln. Den Essig zusammen mit 500 Milliliter Wasser, den Nelken, den Pfefferkörnern, dem Lorbeerblatt und dem geschnittenen Gemüse in einem Topf aufkochen und wieder erkalten lassen. Das Fleisch in der Schüssel mit der kalten Marinade übergießen, sodass es mit Flüssigkeit bedeckt ist, falls nötig noch etwas Wasser dazugießen, und 2–3 Tage zugedeckt an einem kühlen Ort stehen lassen.

Am Tag der Zubereitung die Tajine 10 Minuten wässern. Den Sauerbraten rundherum in dem Smen in der Tajine bei mittlerer bis starker Hitze anbraten. Die Tomaten vierteln und dazugeben; alles mit 250–300 Milliliter Marinade ablöschen.

Den Deckel auflegen, in die Dampfsperre kaltes Wasser geben und den Braten bei mittlerer Hitze 70–80 Minuten schmoren. Während der Garzeit das Fleischstück ein- bis zweimal wenden und noch etwas Marinade hinzufügen.

Den fertigen Braten auf eine vorgewärmte Platte geben und zugedeckt kurz ruhen lassen. Die restliche Marinade in die Tajine gießen, etwas Mehl darüberstauben, unterrühren und die Sauce einmal aufkochen lassen. Dann das Fleisch in Scheiben schneiden und mit der Sauce servieren.

▮ PASST GUT DAZU: *Die besten Begleiter zu diesem Sauerbraten sind Semmelknödel und ein Salat aus grünen Bohnen – ein ganz und gar nicht marokkanisches Gericht, das aber in der Tajine hervorragend gelingt.*

▮ TIPP: *Wenn Sie die Mühe des Einlegens scheuen oder sich kurzfristig entschließen, einen Sauerbraten zuzubereiten, fragen Sie Ihren Metzger nach einem bereits fertig eingelegten Sauerbraten, den Sie dann nur noch zubereiten müssen.*

Blumenkohl im Kartoffel-Räucherwurst-Kranz

VORBEREITUNG: 25 MINUTEN
GARZEIT: 25 MINUTEN
FÜR 4 PERSONEN

Zutaten

1 Blumenkohl
2 grobe geräucherte Würste
4–5 Kartoffeln
1 kleine Zwiebel
2 EL Olivenöl
Kräutersalz
Pfeffer, frisch gemahlen
Muskatnuss, frisch gerieben
1 Tasse Gemüsebrühe (etwa 150 ml)
150 g Emmentaler, gerieben
1 Bund Schnittlauch

Die Tajine mindestens 10 Minuten wässern. Inzwischen den Blumenkohl waschen, putzen und den harten Strunk in der Mitte keilförmig herausschneiden. Die Würste in etwa einen Zentimeter dicke Scheiben schneiden. Die Kartoffeln schälen und würfeln. Die Zwiebel ebenfalls schälen und klein hacken.

Die Zwiebel in dem Olivenöl im Tajineboden bei starker Hitze kurz anbraten. Den ganzen Blumenkohl in die Tajine setzen und die Kartoffelwürfel mit den Wurstscheiben um den Blumenkohl herum verteilen. Kräutersalz, Pfeffer und frisch geriebene Muskatnuss zum Würzen darüberstreuen und die Gemüsebrühe angießen.

Den Deckel aufsetzen, die Dampfsperre mit kaltem Wasser füllen und das Gericht bei mittlerer Hitze etwa 25 Minuten garen. Etwa 5 Minuten vor dem Ende der Garzeit den geriebenen Käse darüberstreuen und den Deckel erneut auflegen, damit der Käse schmilzt. Den Schnittlauch in feine Röllchen schneiden.

Direkt vor dem Servieren die Schnittlauchröllchen über den Blumenkohl streuen.

VARIANTEN: *Wer möchte, kann anstelle des Schnittlauchs ein Bund* ***Petersilie****, gewaschen und fein gehackt, verwenden.*
Und statt des Emmentalers können Sie ganz nach Geschmack einen anderen gut schmelzenden Käse verwenden, probieren Sie doch mal einen ***Raclette-Käse*** *oder einen würzigen* ***Greyerzer****.*

Rinderrouladen

VORBEREITUNG: 30 MINUTEN
GARZEIT: 1 STUNDE 20 MINUTEN
FÜR 4 PERSONEN

Zutaten

4 Rinderrouladen
Salz
Pfeffer, frisch gemahlen
2 TL Senf
4 Scheiben Rauchfleisch
4 Essiggurken
1 Zwiebel | 4 EL Olivenöl
1 grüne Paprikaschote
½ Bund Petersilie
1 Tasse Gemüsebrühe (etwa 150 ml)
1 TL Paprikapulver
Rotwein (nach Belieben)

Die Tajine mindestens 10 Minuten wässern. Inzwischen die Rinderrouladen nebeneinander auf der sauberen Arbeitsfläche ausbreiten und mit Salz und Pfeffer würzen. Den Senf gleichmäßig auf das Fleisch streichen. Dann jede Roulade mit einer hauchdünn geschnittenen Scheibe Rauchfleisch und einer in Scheiben geschnittenen Essiggurke belegen. Die Zwiebel schälen, fein hacken und etwas davon auf jeder Roulade verteilen. Dann die Fleischscheiben von der schmalen Seite her eng anliegend aufrollen und mit einer Rouladennadel oder einem Zahnstocher feststecken.

Im vorgewässerten Tajineboden das Olivenöl erhitzen und die Rouladen darin von allen Seiten scharf anbraten. Währenddessen die Paprikaschote von Stiel, Samen und Scheidewänden befreien, vierteln und in feine Streifen schneiden. Die Petersilie waschen und hacken. Paprikastreifen, die restliche gehackte Zwiebel, die gehackte Petersilie und das Paprikapulver mischen und zwischen den Rouladen verteilen. Die Gemüsebrühe angießen und nach Belieben ein wenig Rotwein dazugeben.

Den Tajinedeckel schließen, die Dampfsperre mit kaltem Wasser füllen und das Fleisch etwa 1 Stunde 20 Minuten schmoren lassen. Währenddessen die Rouladen gelegentlich umdrehen und bei Bedarf weitere Flüssigkeit nachgießen. Dann die Sauce abschmecken und die Rouladen in der Sauce servieren.

■ PASST GUT DAZU: *Dazu passen am besten – ganz klassisch – Kartoffelpüree und Gurkensalat.*

■ VARIANTEN: *Wer eine* ***sämige Sauce*** *bevorzugt, kann die fertig gegarten Rouladen herausnehmen und warm stellen. Die Sauce mit dem Mixstab pürieren, abschmecken und durch ein Sieb zurück in den Tajineboden gießen. Durch die Zugabe von einem Esslöffel* ***Tomatenmark*** *erhält die Sauce eine schönere Farbe und einen noch besseren Geschmack.*
Wer mag, kann die Fleischscheiben zusätzlich zum Senf auch noch mit etwas ***Preiselbeer- oder Johannisbeerkonfitüre*** *bestreichen. Mir allerdings schmecken die Rouladen mit Senf am besten.*

Tajine Marocaine

VORBEREITUNG: 45 MINUTEN
GARZEIT: 30–40 MINUTEN
FÜR 4 PERSONEN

Zutaten

Für die Hackfleischbällchen

½ Zwiebel | 2 Knoblauchzehen
½ Bund Koriandergrün
400 g Hackfleisch
1 EL Olivenöl |1 TL Kreuzkümmel
1 TL edelsüßes Paprikapulver
1 Prise Salz

Für die Sauce

½ Zwiebel | 4 Tomaten
½ Bund Koriandergrün | 2 EL Smen
1 TL gemahlener Kreuzkümmel
½ TL süßes Paprikapulver
Salz | Pfeffer, frisch gemahlen
Ingwerpulver (nach Belieben)
2 Eier | 100 ml Sahne

Die Tajine mindestens 10 Minuten wässern. Inzwischen für die Hackfleischbällchen die halbe Zwiebel und den Knoblauch schälen und fein schneiden. Das Koriandergrün waschen, trocken schütteln, die Blätter von den Stielen zupfen und fein hacken.

Koriander, Knoblauch und Zwiebel mit dem Fleisch in eine Schüssel geben. Das Olivenöl, etwa einen Esslöffel Wasser, den Kreuzkümmel, das Paprikapulver und das Salz hinzufügen, alles gut durchkneten und zu kleinen Bällchen formen.

Für die Sauce die halbe Zwiebel schälen und fein hacken. Die Tomaten mit kochendem Wasser überbrühen, enthäuten und klein würfeln. Das Koriandergrün waschen, trocken schütteln, die Blätter von den Stielen zupfen und fein hacken.

Die beiden Esslöffel Smen in die Tajine geben und bei starker Hitze zerlassen. Die Fleischbällchen und die gehackte Zwiebel darin etwa 5 Minuten unter häufigem Wenden anbraten. Tomatenwürfel, Koriandergrün, Kreuzkümmel, Paprikapulver und etwa 75 Milliliter Wasser dazugeben und mit Salz, Pfeffer und nach Belieben Ingwer abschmecken.

Den Deckel auflegen, in die Dampfsperre kaltes Wasser geben und die Bällchen 20–25 Minuten bei mittlerer Hitze garen. Zwischendurch immer wieder umrühren und eventuell noch ein wenig Wasser dazugeben. Die Eier mit der Sahne verquirlen und 5 Minuten vor Ende der Garzeit über das Gericht gießen; zugedeckt auf dem ausgeschalteten Elektroherd noch 5 Minuten ziehen lassen.

PASST GUT DAZU: *Zu diesen Fleischbällchen reichen Sie frisches Weißbrot oder Fladenbrot.*

SCHON GEWUSST? *Hackfleischbällchen werden in vielen verschiedenen Ländern – auf die unterschiedlichsten Arten gewürzt – zubereitet. In Marokko gibt es* kefta *traditionell aus der Tajine, in Schweden nennt man die Bällchen* koettbullar, *in Kroatien kommen* cevapcici *auf den Tisch und in Deutschland bereitet man je nach Region beispielsweise Frikadellen, Fleischpflanzerl oder Buletten zu.*

Lamm-Tajine mit Pflaumen und gerösteten Mandeln

EINWEICHEN: 1 STUNDE
VORBEREITUNG: 15–20 MINUTEN
GARZEIT: 1 STUNDE 20 MINUTEN
FÜR 4 PERSONEN

Zutaten

100 g getrocknete Pflaumen
500–700 g Lammfleisch (siehe Tipp)
3 Tomaten
2–3 Zwiebeln
2–3 Knoblauchzehen
2–3 EL Olivenöl
3 EL gehackte Petersilie
1 EL gehacktes Koriandergrün
½ TL Harissa
½ TL Kreuzkümmel
½ TL Kurkuma
½ TL Pfeffer
½ TL Salz
1 Zimtstange
100 g gehobelte Mandeln
1 TL Honig
1 TL Sesam

Die getrockneten Pflaumen für 1 Stunde in kaltes Wasser legen und dann klein würfeln.

Die Tajine mindestens 10 Minuten wässern. Inzwischen das Fleisch (falls es nicht schon der Metzger erledigt hat) in große Stücke schneiden. Die Tomaten klein schneiden, den Stielansatz dabei entfernen. Die Zwiebeln und den Knoblauch schälen und fein hacken.

Das Fleisch in der Tajine bei starker Hitze in dem Olivenöl anbraten. Zwiebeln, Knoblauch, Tomaten, Petersilie, Koriandergrün und Pflaumen mit allen Gewürze dazugeben und unterrühren.

Den Deckel auflegen, die Dampfsperre mit kaltem Wasser füllen und das Fleisch bei mittlerer Hitze etwa 1 Stunde 20 Minuten garen, bis es ganz zart ist. Falls nötig, ein wenig Wasser dazugießen und unterrühren. Etwa 10 Minuten vor Ende der Garzeit die gehobelten Mandeln kurz in einer kleinen Pfanne ohne Fett bräunen und zusammen mit dem Honig unter das Fleisch rühren. Zum Servieren den Sesam darüberstreuen.

PASST GUT DAZU: *Natürlich schmeckt dieses Tajine-Gericht mit dem in Marokko allgegenwärtigen Brot, aber Sie sollten es auch einmal mit Bratkartoffeln und feinem Karottensalat servieren.*

TIPP: *Bevorzugen Sie einen Braten mit Knochen und lassen Sie ihn gleich vom Metzger in nicht zu kleine Stücke zerteilen. Der Knochen sorgt nicht nur für eine Portion Extra-Aroma, sondern er zeigt auch an, wann das Fleisch fertig ist: wenn es sich ganz leicht vom Knochen lösen lässt.*

VARIANTEN: *Probieren Sie diese Tajine auch einmal mit* ***Rindfleisch*** *anstelle von Lamm. Diese Variante sollten Sie dann unbedingt – typisch deutsch – mit Salzkartoffeln und grünem Salat genießen.*
Und statt der Zimtstange können Sie auch einen Esslöffel ***gemahlenen Zimt*** *verwenden.*

Tajine mit Lamm und Spargel

EINWEICHEN: 12 STUNDEN
VORBEREITUNG: 25 MINUTEN
GARZEIT: 1 STUNDE 10 MINUTEN
FÜR 4 PERSONEN

Zutaten

1 Handvoll getrocknete Kichererbsen
500 g Lammfleisch
1 Zwiebel
250 g grüner Spargel
3 EL Olivenöl
1 EL Kümmel
1 EL Koriandersamen
2 EL Sojasauce
Salz
Pfeffer, frisch gemahlen
1 Ei
2 EL Semmelbrösel

Am Vortag die Kichererbsen in reichlich kaltem Wasser über Nacht einweichen.

Am Tag der Zubereitung die Tajine mindestens 10 Minuten wässern. Inzwischen das Lammfleisch in Streifen schneiden, die Zwiebel schälen und achteln. Von den Spargelstangen das untere Drittel schälen, die harten Enden abbrechen und die Stangen in Stücke schneiden.

Das Olivenöl in der Tajine erhitzen, Fleisch, Zwiebelstücke, Kümmel, Koriander, Sojasauce, die abgegossenen Kichererbsen sowie Salz und Pfeffer nach Geschmack hinzugeben und etwa 150 Milliliter Wasser angießen.

Den Deckel aufsetzen, die Dampfsperre mit kaltem Wasser füllen und alles bei mittlerer Hitze etwa 40 Minuten köcheln lassen. Dann einmal umrühren, falls nötig noch etwas Wasser hinzugeben und den klein geschnittenen Spargel darüber verteilen. Den Deckel wieder auflegen und alles weitere 30 Minuten garen. Mit Salz und frisch gemahlenem Pfeffer abschmecken.

Das Ei mit den Bröseln verquirlen, über das Gericht gießen und leicht einarbeiten. Den Deckel erneut auflegen und das Ei bei schwacher Hitze oder auf dem ausgeschalteten Herd in 10 Minuten stocken lassen. Mit reichlich frischem Brot servieren.

▮ VARIANTE: *Wer mag, kann anstelle der getrockneten Kichererbsen auch* ***Kichererbsen aus dem Glas*** *verwenden. Dann sollten es zwei Hände voll sein.*

▮ TIPP: *Sollten Sie auf einem Elektroherd kochen, können Sie, nachdem Sie das Ei dazugegeben und den Deckel aufgelegt haben, den Herd ausschalten. Die Restwärme reicht aus. Beim Gasherd sollte man das Gericht auf kleiner Flamme fertigstellen.*

Lammragout mit Okraschoten im Lehmtopf

VORBEREITUNG: 30 MINUTEN
GARZEIT: 1 STUNDE 20 MINUTEN
FÜR 4 PERSONEN

Zutaten

600 g Lammschulter
1 Zwiebel
1 cm Ingwer
2 Tomaten
4–5 EL Olivenöl
1 TL Kurkuma
1 EL gehackte Petersilie
1 EL gehacktes Koriandergrün
1 TL Salz
1 TL frisch gemahlener Pfeffer
Saft von ½ Zitrone
1 eingelegte Zitrone (siehe Seite 25)
15 Okraschoten
15–20 Oliven ohne Stein

Die Tajine mindestens 10 Minuten wässern. Inzwischen die Lammschulter in mehrere große Stücke schneiden. Die Zwiebel und den Ingwer schälen und fein hacken. Die Tomaten mit kochendem Wasser überbrühen, etwa 10 Sekunden darin liegen lassen, herausnehmen, enthäuten und würfeln.

In der gewässerten Tajine das Olivenöl erhitzen und das Lammfleisch mit der Zwiebel, den Tomaten, dem Ingwer, Kurkuma, Petersilie, Koriandergrün, Salz und Pfeffer etwa 10 Minuten unter ständigem Rühren bei starker Hitze scharf anbraten. Dann den Zitronensaft darübergeben und 200 Milliliter Wasser angießen.

Den Deckel auflegen, die Dampfsperre mit kaltem Wasser füllen und das Fleisch bei schwacher Hitze ungefähr 1 Stunde schmoren lassen. Dabei ein- bis zweimal die Flüssigkeitsmenge im Topf überprüfen und eventuell etwas davon abschöpfen oder ein wenig Wasser ergänzen.

Währenddessen die Okraschoten am Stielansatz bleistiftspitzenförmig zuschneiden, ohne die Schoten zu verletzen. Nach 1 Stunde Garzeit die eingelegte Zitrone vierteln und zusammen mit den Okraschoten und Oliven zu dem Fleisch in die Tajine geben. Alles zugedeckt noch 15–20 Minuten garen.

Sobald das Fleisch zart ist, das Lammragout auf einer vorgewärmten Platte dekorativ mit den Okraschoten, Oliven und Zitronenvierteln anrichten und mit Couscous servieren.

▮ SCHON GEWUSST? *Die sechskantigen grünen oder gelben Okraschoten gehören zur Familie der Malvengewächse. Sie schmecken etwas herb und leicht säuerlich. Im Inneren der Schoten steckt ein milchiger Schleim, der beim Garen austritt, wenn die Schote verletzt ist. Deshalb die Schoten beim Entfernen die Stiels möglichst nicht einschneiden.*

Lammgulasch mit Tomaten und Zwiebeln

VORBEREITUNG: 30 MINUTEN
GARZEIT: 1 STUNDE 10 MINUTEN
FÜR 4 PERSONEN

Zutaten

800 g Lammfleisch
2 Knoblauchzehen
4 Zwiebeln
4 Tomaten
100 ml Erdnussöl
1 EL gemahlener Zimt
1 TL Ingwerpulver
1 TL Kurkuma
einige Safranfäden
Salz
Pfeffer, frisch gemahlen
1 Bund Petersilie
1 TL Honig

Die Tajine mindestens 10 Minuten wässern. Inzwischen das Lammfleisch in Stücke schneiden. Die Knoblauchzehen schälen und halbieren. Die Zwiebeln schälen und fein hacken. Die Tomaten würfeln und dabei die Stielansätze entfernen.

Das Erdnussöl in der Tajine erhitzen und die Fleischstücke zusammen mit Knoblauch, Zimt, Ingwer, Kurkuma, Safranfäden sowie Salz und Pfeffer bei mittlerer bis starker Hitze etwa 10 Minuten anbraten. Mit 250 Milliliter Wasser ablöschen und das gewaschene Bund Petersilie einlegen.

Den Deckel aufsetzen, die Dampfsperre mit kaltem Wasser füllen und das Fleisch etwa 30 Minuten bei schwacher Hitze garen.

Die Fleischstücke und die Petersilie mithilfe eines Schaumlöffels aus der Tajine nehmen. Die fein gehackten Zwiebeln und Tomaten in die Sauce geben und zusammen mit dem Honig kräftig unterrühren.

Anschließend das Lammgulasch wieder in die Tajine legen und alles zugedeckt in 30–40 Minuten fertig schmoren. Gelegentlich prüfen, ob noch ausreichend Flüssigkeit in der Tajine ist und, falls nötig, noch etwas Wasser dazugeben. Das Lammgulasch sehr heiß mit frischem Fladenbrot servieren.

▮ VARIANTE: *Bereiten Sie diese Tajine doch auch einmal mit* ***Rindergulasch, Reh- oder Hirschgulasch*** *anstelle des Lammfleischs zu.*

▮ TIPP: *Fragen Sie Ihren Metzger, ob er Ihnen das Lammfleisch gleich beim Kauf in Stücke schneidet, dann sparen Sie sich die Arbeit zu Hause.*

DARNA

Lamm-Tajine »Ali Baba«

VORBEREITUNG: 45 MINUTEN
GARZEIT: 1 STUNDE 30 MINUTEN
FÜR 4 PERSONEN

Zutaten

2 Tomaten
2 Zwiebeln
2 Knoblauchzehen
4 Kartoffeln
3 Karotten
1 Zucchini
½ Bund Koriandergrün
600 g Lammgulasch
3 EL Olivenöl
1 EL Harissa
1 EL Currypulver
Salz
Pfeffer, frisch gemahlen
10 Oliven ohne Stein
150 ml Rotwein oder Wasser

Die Tajine mindestens 10 Minuten wässern. Inzwischen die Tomaten würfeln und die Stielansätze dabei entfernen. Die Zwiebeln und den Knoblauch schälen und fein hacken. Die Kartoffeln und Karotten schälen und zusammen mit den Zucchini in Scheiben schneiden. Das Koriandergrün waschen, trocken schütteln, die Blätter von den Stielen zupfen und fein hacken.

Das Lammgulasch in der gewässerten Tajine in dem Olivenöl bei starker Hitze etwa 10 Minuten rundherum scharf anbraten. Die Zwiebeln, den Knoblauch und die gewürfelten Tomaten dazugeben und unterrühren. Dann Harissa, Currypulver, Koriandergrün, Salz und Pfeffer einrühren.

Die Karotten-, Kartoffel- und Zucchinischeiben in dieser Reihenfolge nacheinander mit den Oliven über das Fleisch schichten und Wein oder Wasser angießen.

Den Deckel auflegen, die Dampfsperre mit kaltem Wasser füllen und alles bei mittlerer Hitze etwa 1½ Stunden schmoren lassen. Gelegentlich den Deckel anheben und prüfen, ob noch genügend Flüssigkeit im Topf ist, eventuell noch etwas Rotwein oder Wasser dazugießen. Die Tajine ist fertig, wenn das Fleisch ganz zart ist.

SCHON GEWUSST? *Currypulver ist eine indische Gewürzmischung, die je nach Hersteller variiert. Farbgebend und in jeder Mischung enthalten ist Kurkuma. Dazu gesellen sich in nahezu jedem Currypulver Kreuzkümmel, Koriander, Pfeffer und Bockshornklee. Neben weiteren Gewürzen enthalten manche Currypulver auch Chili, wodurch sie ziemlich scharf werden. Probieren Sie einfach, welche Mischung Ihnen am besten schmeckt.*

Chili-Hackfleisch-Tajine

VORBEREITUNG: 30 MINUTEN
GARZEIT: 1 STUNDE
FÜR 4 PERSONEN

Zutaten

2 rote Chilischoten
2 Knoblauchzehen
1 Gemüsezwiebel
3 EL Olivenöl
500 g Hackfleisch
1 Dose Tomaten (etwa 400 g)
125 ml Gemüsebrühe
Salz
Pfeffer, frisch gemahlen
2 TL Zucker
2 TL gemahlener Kreuzkümmel
1 rote Paprikaschote
1 grüne Paprikaschote
1 Dose Kidneybohnen (etwa 400 g)
1 Dose Zuckermais (etwa 300 g)
½ Bund Koriandergrün
150 g Vollmilchjoghurt zum Servieren
Tortillachips zum Servieren

Die Tajine mindestens 10 Minuten wässern. Inzwischen die Chilischoten halbieren und von den Samen befreien, Knoblauch und Zwiebel schälen und alle drei Zutaten fein würfeln.

Zwiebel, Knoblauch und Chili in der gewässerten Tajine in dem Olivenöl glasig dünsten. Das Hackfleisch zugeben und bei mittlerer bis starker Hitze in etwa 10 Minuten scharf anbraten, sodass es schön krümelig ist. Die Tomaten aus der Dose grob zerschneiden, zusammen mit der Gemüsebrühe, Salz, Pfeffer, Zucker und Kreuzkümmel unter das Fleisch rühren und 10–15 Minuten einkochen lassen.

Währenddessen die Paprika von Stiel, Samen und Scheidewänden befreien und in feine Streifen schneiden. Die Bohnen in ein Sieb geben, mit kaltem Wasser abspülen und abtropfen lassen. Paprikastreifen, Bohnen und Mais in die Tajine geben, untermischen und das Chili mit aufgelegtem Deckel und mit Wasser gefüllter Dampfsperre weitere 20–30 Minuten unter gelegentlichem Umrühren garen.

Das fertige Gericht mit den abgezupften Korianderblättern dekorieren und mit Joghurt und Tortillachips sehr heiß servieren.

▮ SCHON GEWUSST? *Ein echtes Chili muss scharf sein. Doch für welche Chilisorte entscheidet man sich? Gut eignen sich Jalapeño, Ancho oder Pasilla. Ihre Schärfe bleibt beim Kochen erhalten. Die fruchtig-scharfen Habaneros büßen hingegen beim Garen einiges an ihrem Aroma ein und sind daher für ein Chili weniger gut geeignet.*

▮ VARIANTEN: *Anstatt der Kidneybohnen können Sie dieses Gericht auch mal mit – zuvor eingeweichten –* ***Linsen*** *probieren. Vegetarier machen mit* ***Tofuwürfeln*** *oder* ***Schafskäse*** *anstelle des Hackfleischs ein »Chili sin carne« daraus!*

Dattel-Tajine mit Lamm

VORBEREITUNG: 30 MINUTEN
GARZEIT: 1 STUNDE 15 MINUTEN
FÜR 4 PERSONEN

Zutaten

600 g Lammfleisch
(am besten mit Knochen; siehe Tipp)
2 Zwiebeln
10–15 Datteln
4 EL Smen
1 EL Harissa
einige Safranfäden
Salz
Pfeffer, frisch gemahlen
½ Zimtstange
100 g gehobelte Mandeln
2 EL Honig
1 EL Sesam

Die Tajine mindestens 10 Minuten wässern. Inzwischen das Lammfleisch in große Stücke schneiden (wenn Sie ein Stück mit Knochen gekauft haben, bitten Sie Ihren Fleischer, es gleich in Stücke zu hacken). Die Zwiebeln schälen und reiben. Die Datteln waschen, trocken tupfen, längs aufritzen und entsteinen.

Das Fleisch in der Tajine in Smen bei starker Hitze scharf anbraten. Mit Harissa, den Safranfäden, Salz und Pfeffer würzen. Das Zwiebelpüree über dem Lamm verteilen, 250 Milliliter Wasser angießen und die halbe Zimtstange hineinlegen.

Den Deckel aufsetzen, die Dampfsperre mit kaltem Wasser füllen und das Fleisch bei mittlerer Hitze etwa 1 Stunde leicht köcheln lassen.

Die Mandelblättchen in einer Pfanne ohne Fett bei mittlerer Hitze goldbraun rösten. Datteln, Mandelblättchen und Honig zum Fleisch in die Sauce rühren und alles zugedeckt erneut 10–15 Minuten schmoren lassen.

Währenddessen den Sesam in einer Pfanne ohne Fett leicht bräunen. Direkt vor dem Servieren den Sesam über das Lamm streuen und die Tajine zu Tisch bringen.

▮ PASST GUT DAZU: *Am besten schmeckt zu dieser Tajine Couscous oder Reis.*

▮ TIPP: *Sie benötigen etwa 600 Gramm reines Fleisch, plus das Gewicht des Knochens. Es empfiehlt sich immer, das Fleisch mitsamt Knochen zu garen, denn der Knochen intensiviert den Geschmack und man sieht sofort, wann das Fleisch gar ist: wenn es sich leicht vom Knochen löst.*
Anstelle der halben Zimtstange können Sie auch einen Teelöffel gemahlenen Zimt in die Tajine geben.

Tajine M'hammar mit Lamm

VORBEREITUNG: 35 MINUTEN
GARZEIT: 1 STUNDE 30 MINUTEN
FÜR 4 PERSONEN

Zutaten

600 g Lammfleisch mit Knochen (Schulter oder Keule, siehe Tipp)
½ EL Tomatenmark
5 EL Olivenöl
2 große Zwiebeln
2 Knoblauchzehen
½ Bund Koriandergrün
1 Bund Petersilie
2 TL edelsüßes Paprikapulver
1 TL gemahlener Kreuzkümmel
1 TL Kurkuma
½ TL Safranfäden
1 TL Salz

Die Tajine mindestens 10 Minuten wässern. Inzwischen das Fleisch mit dem Tomatenmark und Olivenöl gründlich einreiben. Die Zwiebeln und den Knoblauch schälen und fein hacken. Das Koriandergrün und die Petersilie waschen, trocken schütteln, die Blätter von den Stielen zupfen und ebenfalls hacken.

Die fein gehackten Zwiebeln mit dem Knoblauch und Koriandergrün, der Petersilie, Paprikapulver, Kreuzkümmel, Kurkuma, Safranfäden und Salz in die Tajine geben. 400 Milliter Wasser zugießen und alles gründlich vermengen. Das eingeriebene Fleisch hineinlegen und sorgfältig in der Mischung wenden.

Den Deckel aufsetzen, die Dampfsperre mit kaltem Wasser füllen und alles bei starker Hitze zum Kochen bringen. Dann den Herd auf mittlere Hitze zurückschalten und das Fleisch zugedeckt etwa 1½ Stunden garen. Dabei mehrmals wenden und, falls nötig, noch Wasser nachgießen.
Das Fleisch ist fertig, sobald es sich ganz leicht vom Knochen lösen lässt.

▮ PASST GUT DAZU: *Dazu schmecken französische »Pommes soufflées«: Das sind in Scheiben geschnittene, zweimal frittierte Kartoffeln. Beim ersten Durchgang frittiert man die Kartoffelscheiben im etwa 160 °C heißen Öl goldgelb. Beim zweiten Frittieren bei etwa 180 °C werden die Scheiben schön kross und die Scheiben blähen sich auf – daher der Name.*

▮ TIPP: *Bitten Sie Ihren Metzger, den Knochen der Lammschulter in gleichmäßigen Abständen an vier Stellen durchzutrennen, das Fleisch aber am Stück zu lassen. Anstatt der Schulter können Sie auch zwei geteilte Keulen verwenden.*

Lammschmortopf Marrakesch

VORBEREITUNG: 25 MINUTEN
GARZEIT: 1 STUNDE 30 MINUTEN
FÜR 4 PERSONEN

Zutaten

600 g Lammfleisch
(am besten mit Knochen;
siehe Tipp Seite 141)
1 eingelegte Zitrone (siehe Seite 25)
2 cm Ingwer
4 EL Smen
1 TL gemahlener Kreuzkümmel
einige Safranfäden
1 Zweig frischer Thymian
8 Lorbeerblätter
4–5 EL Olivenöl
Salz
Pfeffer, frisch gemahlen

Die Tajine mindestens 10 Minuten wässern. Inzwischen das Lammfleisch in vier bis sechs Stücke schneiden (falls Sie ein Stück mit Knochen haben, bitten Sie Ihren Metzger gleich beim Einkauf, das Fleisch in Stücke zu hacken). Die eingelegte Zitrone vierteln. Den Ingwer schälen und ganz fein hacken.

Vier Esslöffel Smen in der Tajine zerlassen und das Fleisch darin auf allen Seiten bei starker Hitze scharf anbraten. Danach die Tajine mit den restlichen Zutaten füllen und mit 250 Milliliter Wasser ablöschen. Die Lammstücke mit den Gewürzen und der Flüssigkeit gründlich verrühren.

Den Deckel auflegen, die Dampfsperre mit kaltem Wasser füllen und das Fleisch bei mittlerer Hitze etwa 1½ Stunden schmoren lassen. Währenddessen ungefähr alle 20 Minuten prüfen, ob noch genügend Flüssigkeit in der Tajine ist, gegebenenfalls noch etwas Wasser dazugeben und unterrühren.

Die Tajine ist fertig, wenn das Fleisch schön zart ist und sich leicht vom Knochen lösen lässt. Den Lammschmortopf ganz typisch mit Fladenbrot und Gemüse oder Salat servieren.

TIPP: *Gemahlene Gewürze verlieren schnell ihr Aroma und sollten deshalb nur in ganz kleinen Mengen gekauft und möglichst bald verbraucht werden. Am besten – und aromtischsten – ist es, wenn man ganze Samen kauft und sie zu Hause selbst mahlt, entweder im Mörser oder in einer Gewürzmühle.*

Lamm-Tajine mit Erbsen

VORBEREITUNG: 45 MINUTEN
GARZEIT: 1 STUNDE 15 MINUTEN
FÜR 4 PERSONEN

Zutaten

500–700 g Lammfleisch (am besten mit Knochen; siehe Tipp Seite 141)
2–3 Zwiebeln
2–3 Knoblauchzehen
3 Tomaten
400 g frische Erbsen
2–3 EL Olivenöl
1 TL Kreuzkümmel
1 TL Paprikapulver
½ TL Kurkuma
½ TL Salz
½ TL frisch gemahlener Pfeffer
½ TL Harissa
einige Zweige Koriandergrün

Die Tajine mindestens 10 Minuten wässern. Inzwischen das Lammfleisch in Stücke schneiden (falls Sie ein Stück mit Knochen möchten, lassen Sie es am besten gleich von Ihrem Metzger in Stücke teilen). Die Zwiebeln schälen und würfeln. Den Knoblauch schälen und fein hacken. Die Tomaten mit kochendem Wasser überbrühen, enthäuten und würfeln. Die Erbsen aus den Schoten palen.

Das Olivenöl in der Tajine erhitzen und das Fleisch darin von allen Seiten anbraten. Die gewürfelten Zwiebeln und Tomaten, den Knoblauch, die Erbsen und die Gewürze in dieser Reihenfolge zufügen.

Den Deckel auflegen, die Dampfsperre mit kaltem Wasser füllen und das Gericht bei mittlerer Hitze etwa 1 Stunde 15 Minuten garen. Gelegentlich prüfen, ob noch ausreichend Flüssigkeit in der Tajine ist, und gegebenenfalls etwas Wasser hinzufügen. Die Tajine ist fertig, wenn das Lammfleisch schön zart ist und sich ganz leicht vom Knochen lösen lässt.

Die Lamm-Tajine mit Koriandergrün garnieren und mit Gemüse oder Salat und frischem Fladenbrot servieren.

VARIANTE: *Anstelle der frischen können Sie auch* ***tiefgekühlte Erbsen*** *verwenden. Dann benötigen Sie etwa 250 Gramm Erbsen, die Sie direkt vom Gefrierfach in die Tajine geben.*

Hirschgulasch

VORBEREITUNG: 40 MINUTEN
GARZEIT: 1 STUNDE
FÜR 4 PERSONEN

Zutaten

300 g Champignons
2 Zwiebeln
50 g Butter
1 Scheibe fetter Speck (etwa 50 g)
700 g Hirschgulasch
Pfeffer, frisch gemahlen
6 Wacholderbeeren
2 Lorbeerblätter
125 ml Rotwein
100 ml Gemüsebrühe
1 kleines Glas Gin (etwa 75 ml)
Salz
100 g Sauerrahm

Die Tajine mindestens 10 Minuten wässern. Inzwischen die Champignons putzen, falls nötig anhaftende Erde mit einem feuchten Küchenpapier abwischen und die Pilze in Scheiben schneiden. Die Zwiebeln schälen und würfeln.

Die Butter in der gewässerten Tajine bei mittlerer Hitze zerlassen. Die Speckscheibe hineinlegen und das Fett unter mehrmaligem Wenden des Specks herausbraten lassen; die Scheibe aus der Tajine nehmen. Das Hirschgulasch zu dem Fett in die Tajine geben und bei starker Hitze scharf anbraten; pfeffern und herausnehmen.

Die Zwiebeln hineingeben und bei schwacher bis mittlerer Hitze glasig anschwitzen. Zuerst die Champignons und dann das angebratene Fleisch, die Wacholderbeeren und Lorbeerblätter hinzufügen; den Rotwein und die Gemüsebrühe angießen.

Den Deckel auflegen, die Dampfsperre mit kaltem Wasser füllen und alles 1 Stunde – oder auch etwas länger –, bis das Fleisch zart ist, bei mittlerer Hitze köcheln lassen. Vom Herd nehmen, mit Gin und eventuell etwas Salz abschmecken und mit dem Sauerrahm verfeinern.

PASST GUT DAZU: *Hirschgulasch schmeckt am besten mit Spätzle oder Kartoffelknödeln.*

TIPP: *Seien Sie bei diesem Gericht vorsichtig mit dem Salz! Da Speck und Brühe schon salzig sind, ist zusätzliches Salzen in den meisten Fällen überflüssig. Auf jeden Fall erst am Ende der Garzeit salzen.*
Wenn der Sauerrahm untergerührt wird, sollte das Gericht nicht mehr kochen, da der Sauerrahm sonst ausflocken kann, was geschmacklich zwar nichts ausmacht, aber nicht mehr so appetitlich aussieht.

VARIANTE: *Champignons gibt es das ganze Jahr über, doch während der Pilzsaison sollten Sie diese Tajine unbedingt mit frischen, gemischten **Wildpilzen** zubereiten.*

Wildschweinhaxe aus der Tajine

VORBEREITUNG: 30 MINUTEN
GARZEIT: 1 STUNDE 30 MINUTEN
FÜR 4 PERSONEN

Zutaten

4 Tomaten
3 Zwiebeln
4 Knoblauchzehen
1 Wildschweinhaxe, ausgelöst
Salz
Pfeffer, frisch gemahlen
4 EL Olivenöl
8 Wacholderbeeren
4 Lorbeerblätter
1 TL Thymianblättchen
400 ml Rotwein

Die Tajine mindestens 10 Minuten wässern. Inzwischen die Tomaten würfeln und den Stielansatz dabei entfernen. Die Zwiebeln und den Knoblauch schälen und fein hacken.

Die Wildschweinhaxe kräftig mit Salz und Pfeffer einreiben. In der Tajine das Olivenöl erhitzen und die Haxe darin rundherum anbraten, dann kurz herausnehmen. Tomaten, Zwiebeln und Knoblauch mischen, in die Tajine geben und die Haxe darauflegen. Die Wacholderbeeren, Lorbeerblätter und den Thymian auf und neben dem Fleisch verteilen und den Rotwein angießen.

Den Deckel auflegen, die Dampfsperre mit kaltem Wasser füllen und das Fleisch bei mittlerer Hitze etwa 1½ Stunden garen, bis es ganz zart ist. Während des Garens die Wildschweinhaxe am besten alle 20 Minuten wenden.

VARIANTE: *Probieren Sie doch auch mal eine* ***Kalbshaxe aus der Tajine.*** *Dafür etwas Olivenöl in der Tajine erhitzen und die Kalbshaxe darin anbraten. Je einen Teelöffel Ingwerpulver, gemahlenen Koriander und edelsüßes Paprikapulver sowie eine Prise Safran mischen und die Hälfte davon über das Fleisch streuen. Tomaten, Zwiebeln und Knoblauch wie oben beschrieben hacken, mit der restlichen Gewürzmischung mengen und unter das Fleisch in die Tajine geben. Eine halbe eingelegte Zitrone in der Mitte durchschneiden und mit 400 Milliliter Wasser hinzufügen. Die Haxe bei aufgelegtem Deckel und mit Wasser gefüllter Dampfsperre 1½ Stunden garen, bis sich das Fleisch ganz leicht vom Knochen lösen lässt. Dabei am besten alle 20 Minuten wenden.*

Orientalisches Wildkaninchen

MARINIEREN: 3 TAGE
VORBEREITUNG: 30 MINUTEN
GARZEIT: 1 STUNDE 10 MINUTEN
FÜR 4 PERSONEN

Zutaten

2 Wildkaninchenkeulen (siehe Tipp)
2 große Knoblauchzehen
2 Lorbeerblätter
6 Pfefferkörner
4 Gewürznelken
1 l Buttermilch (eventuell etwas mehr)
4 Karotten
400 g Champignons
3 EL Olivenöl
2 EL Ras el Hanout
10 Trockenpflaumen
500 ml Schwarzbier
Kräutersalz

Die Kaninchenkeulen waschen, trocken tupfen und in eine Schüssel legen. Den Knoblauch schälen. Die Lorbeerblätter, den Knoblauch, die Pfefferkörner und die Gewürznelken über dem Fleisch verteilen. Das Fleisch vollständig mit Buttermilch bedecken und zugedeckt im Kühlschrank 3 Tage marinieren. In dieser Zeit die Keulen mehrmals wenden.

Am Tag der Zubereitung die Tajine mindestens 10 Minuten wässern. Inzwischen die Karotten putzen und in Scheiben schneiden. Die Champignons putzen, falls nötig anhaftende Erde mit einem feuchten Küchenpapier abwischen und die Pilze vierteln.

Das Olivenöl in der gewässerten Tajine erhitzen und die Fleischstücke darin zusammen mit einem Esslöffel Ras el Hanout bei mittlerer bis starker Hitze von allen Seiten gut anbraten. Die Pflaumen dazugeben und das Ganze mit 250 Milliliter Schwarzbier ablöschen.

Den Deckel aufsetzen, die Dampfsperre mit kaltem Wasser füllen und das Fleisch bei mittlerer Hitze 30 Minuten schmoren lassen. Dann die Keulen wenden und die in Scheiben geschnittenen Karotten und die geviertelten Champignons darauf verteilen. Das Ganze mit dem zweiten Esslöffel Ras el Hanout und Salz würzen. Das restliche Schwarzbier darübergießen und das Gericht weitere 35–45 Minuten leicht köcheln lassen, bis das Fleisch schön zart ist. In der Tajine servieren.

▮ PASST GUT DAZU: *Nicht ganz stilecht, aber zu Wildkaninchen schmeckt Rotkohl mit Knödeln einfach ausgezeichnet.*

▮ TIPP: *Anstelle der Wildkaninchenkeulen können Sie auch andere Stücke vom Kaninchen wählen. Aber kaufen Sie immer das Fleisch am Knochen – so wird das ganze Gericht aromatischer.*

▮ SCHON GEWUSST? *Ras el Hanout, diese typisch nordafrikanische Gewürzmischung, eignet sich hervorragend für Fleischgerichte, gibt aber auch Gerichten mit Hülsenfrüchten den letzten Pfiff.*

OPINEL

Fisch

Meeresfrüchte und Fisch sind bei uns geschätzte, *hochwertige Lebensmittel,* die ihren Preis haben. Ganz anders in Marokko, wo die heimischen Fischer ihren Fang auf den Märkten für wenig Geld verkaufen. Fisch ist an den Küsten ein Grundnahrungsmittel, das für gewöhnlich in der Tajine gegart wird. Doch auch bei uns beliebte Fische wie Forelle, Dorade oder Lachs lassen sich *schmackhaft* im Lehmkochtopf *zubereiten.* Lassen Sie sich in die Geschmackswelt der Fische und Meeresfrüchte entführen und genießen Sie – ganz traditionell oder inspiriert durch italienische, brasilianische oder afrikanische Einflüsse.

Dorade aus der Tajine

MARINIEREN: 1 STUNDE
VORBEREITUNG: 35 MINUTEN
GARZEIT: 20–25 MINUTEN
FÜR 2 PERSONEN

Zutaten

1 große oder 2 kleinere Doraden, küchenfertig vorbereitet
6 Kartoffeln
4 Tomaten
1 grüne Paprikaschote
2 Knoblauchzehen
3 EL Olivenöl
Salz | Pfeffer, frisch gemahlen
1 Handvoll entsteinte Oliven
1 Tasse Gemüsebrühe (etwa 150 ml)

Für die Marinade (Chermoula)

1 Bund Koriandergrün
5 Zweige Petersilie
2 Knoblauchzehen
2 EL Olivenöl
1 TL Ras el Hanout
1 TL Harissa
Saft von 1 Zitrone
Salz | Pfeffer, frisch gemahlen

Die Fische waschen, trocken tupfen und in eine Schüssel legen. Für die Marinade Koriandergrün und Petersilie waschen, trocken schütteln, die Blätter von den Stielen zupfen und fein hacken. Die Knoblauchzehen schälen und ebenfalls fein hacken. Mit sämtlichen anderen Zutaten für die Marinade gründlich verrühren und mit Salz und Pfeffer würzen. Die Fische rundherum und innen damit einreiben und 1 Stunde zugedeckt im Kühlschrank marinieren.

(siehe auch Seite 157)

Die Tajine mindestens 10 Minuten wässern. Inzwischen die Kartoffeln schälen und zusammen mit den Tomaten in Scheiben schneiden. Die Paprikaschote von Stiel, Samen und Scheidewänden befreien und in Streifen schneiden. Die Knoblauchzehen schälen und klein hacken.

Den Knoblauch mit dem Olivenöl in die Tajine geben und bei mittlerer Hitze glasig werden lassen. Die Tomaten, die Kartoffeln und die Paprikastreifen hinzufügen und mit Salz und Pfeffer würzen. Den Fisch mitsamt der Marinade und den Oliven auf das Gemüse legen und die Gemüsebrühe angießen.

Den Deckel aufsetzen, die Dampfsperre mit kaltem Wasser füllen und alles 20–25 Minuten dünsten. Die Fische mit dem Gemüse in der Tajine mit frischem Weißbrot servieren.

VARIANTEN: *Auf diese Art lassen sich auch viele andere Fische zubereiten. Probieren Sie doch auch einmal ganze* ***Forellen*** *oder* ***Rotbarschfilet.***
Sie können Petersilie und Koriandergrün in der Chermoula zur Abwechslung mal durch ***Schnittlauch*** *oder* ***Minze*** *ersetzen.*

SCHON GEWUSST? *Mit Chermoula, der marokkanischen Gewürzpaste, würzt man besonders gerne Fisch. Wenn man die ausgenommenen Fische damit füllt, nehmen sie besonders gut das Aroma auf.*

Garnelen-Tajine

MARINIEREN: 30 MINUTEN
VORBEREITUNG: 20 MINUTEN
GARZEIT: 5–10 MINUTEN
FÜR 4 PERSONEN

Zutaten

½ rote Paprikaschote
4 Knoblauchzehen
1 kleines Bund Koriandergrün
½ TL Chilipulver
1 TL edelsüßes Paprikapulver
8 EL Olivenöl | Salz
500 g gegarte, geschälte Garnelen
1 Zitrone

Die halbe Paprikaschote von Stiel, Samen und Scheidewänden befreien und ganz fein würfeln. Die Knoblauchzehen schälen, das Koriandergrün waschen und trocken schütteln und beides fein hacken.

Paprikawürfelchen, Knoblauch, Koriandergrün, Chili- und Paprikapulver mit dem Olivenöl in einer Schüssel gut verrühren. Diese Marinade mit Salz abschmecken. Die Garnelen hinzufügen, gründlich darin wenden und zugedeckt im Kühlschrank mindestens 30 Minuten marinieren. Inzwischen die Tajine wässern.

Den Tajineboden bei starker Hitze auf den Herd stellen. Wenn er heiß ist, die Garnelen mitsamt der Marinade hineingeben und unter ständigem Rühren 5–10 Minuten braten. Zum Schluss ein paar Spritzer Zitronensaft darübergeben und sofort mit Weiß- oder Fladenbrot servieren.

(Foto siehe links)

Würzige Nordseekrabben

VORBEREITUNG: 10 MINUTEN
GARZEIT: 10 MINUTEN
FÜR 2–3 PERSONEN

Zutaten

4–5 Knoblauchzehen
500 g Nordseekrabben
2–3 EL Olivenöl
½ TL Salz
½ TL frisch gemahlener Pfeffer
½ TL Harissa
2–3 EL gehackte Petersilie
Saft von ½ Zitrone

Die Tajine mindestens 10 Minuten wässern. Inzwischen die Knoblauchzehen schälen und fein würfeln.

Die Tajine bei starker Hitze auf den Herd stellen. Die Nordseekrabben und den Knoblauch darin in dem Olivenöl rasch anbraten. Salz, Pfeffer und Harissa dazugeben und gut unterrühren.

Den Deckel auflegen, die Dampfsperre mit kaltem Wasser füllen und die Meeresfrüchte noch 5–8 Minuten bei mittlerer Temperatur dünsten. Zum Schluss mit Petersilie und Zitronensaft verfeinern und sofort mit ganz frischem oder aufgebackenem Fladenbrot servieren.

Frutti di mare aglio e olio

VORBEREITUNG: 25 MINUTEN
GARZEIT: 25 MINUTEN
FÜR 4 PERSONEN

Zutaten

je 250 g Venus- und Miesmuscheln
200 g geschälte Nordseekrabben
oder andere Garnelen
200 g kleine Tintenfische,
küchenfertig vorbereitet
3–5 Knoblauchzehen | 4–8 EL Olivenöl
Salz | 500 g Spaghetti | Saft von 1 Zitrone
1 EL gehackte Petersilie
Pfeffer, frisch gemahlen

Die Tajine 10 Minuten wässern. Inzwischen die Muscheln gründlich abbürsten und waschen. Alle geöffneten Muscheln aussortieren und wegwerfen. Die Garnelen nach eventuellen Schalenresten durchsehen und die Tintenfische in Ringe schneiden. Den Knoblauch schälen und hacken.

Zwei Esslöffel Olivenöl in der Tajine erhitzen und die tropfnassen Muscheln hineingeben. Den Deckel auflegen und die Muscheln 8–10 Minuten unter gelegentlichem Rütteln des Topfes garen. Wenn sich die Muscheln geöffnet haben, die Tajine vom Herd nehmen. Das Muschelfleisch auslösen; ungeöffnete Exemplare wegwerfen.

Den Knoblauch in dem restlichen Öl im Tajineboden anbraten. Alle Meeresfrüchte dazugeben und bei mittlerer Hitze zugedeckt 10–15 Minuten schmoren lassen. Währenddessen die Spaghetti in reichlich kochendem, gesalzenem Wasser al dente garen, dann abgießen und abtropfen lassen.

Die Meeresfrüchte mit Zitronensaft beträufeln und mit der Petersilie bestreuen. Die Spaghetti gründlich untermischen, mit Salz und Pfeffer abschmecken und servieren.

Frutti di mare al pomodoro

VORBEREITUNG: 15 MINUTEN
GARZEIT: 15–20 MINUTEN
FÜR 4 PERSONEN

Zutaten

1 Zwiebel | 2 Knoblauchzehen
500–700 g Meeresfrüchte
3 EL Olivenöl
1 Dose gehackte Tomaten (etwa 400 g)
1 EL italienische Kräuter (tiefgekühlt)
1 TL Harissa oder Zhug
Salz | Pfeffer, frisch gemahlen
500 g Spaghetti

Die Tajine mindestens 10 Minuten wässern. Inzwischen die Zwiebel und den Knoblauch schälen und fein würfeln.

In der Tajine die Zwiebel, den Knoblauch und die Meeresfrüchte in dem Olivenöl anbraten. Die Tomaten mit den Kräutern und Harissa oder Zhug zufügen. Einen Schuss Wasser unterrühren und mit Salz und Pfeffer würzen. Den Deckel auflegen, in die Dampfsperre kaltes Wasser geben und die Meeresfrüchte bei mittlerer Hitze etwa 15 Minuten köcheln lassen.

Währenddessen die Spaghetti in reichlich kochendem, gesalzenem Wasser al dente garen. Dann abgießen, in die Tajine geben, untermengen und sofort servieren.

▮ TIPP: *Wenn ich keine große Menge gemischte Kräuter benötige, greife ich gerne auf die tiefgekühlten fertigen Mischungen zurück.*

Brasilianische Moqueca mit Shrimps

VORBEREITUNG: 25 MINUTEN
GARZEIT: 20–25 MINUTEN
FÜR 4 PERSONEN

Zutaten

4 Kartoffeln
2 Karotten
1 Zwiebel
je 1 rote und grüne Paprikaschote
2 TL Harissa
3 EL Olivenöl
400 g Shrimps (Tiefseegarnelen)
150 ml pürierte Tomaten
250 ml Kokosmilch
3 EL Palmöl
2 EL frische, gehackte Kräuter (siehe Tipp)
Salz | Pfeffer, frisch gemahlen

Die Tajine mindestens 10 Minuten wässern. Inzwischen die Kartoffeln und die Karotten schälen und in Scheiben schneiden. Die Zwiebel schälen und fein hacken. Die Paprikaschoten von Stiel, Samen und Scheidewänden befreien und in Streifen schneiden.

Die Tajine auf dem Herd erwärmen. Die Zwiebel und die Harissa mit dem Olivenöl in die leicht vorgeheizte Tajine geben und rühren. Die Kartoffel- und Karottenscheiben, die Paprikastreifen und die Shrimps darauflegen und mit den pürierten Tomaten und 75 Milliliter Wasser ablöschen. Die Kokosmilch und das Palmöl hinzufügen.

Den Deckel auflegen, die Dampfsperre mit kaltem Wasser füllen und alles bei mittlerer Hitze 20–25 Minuten garen, bis die Kartoffeln schön weich sind. Mit Salz und Pfeffer abschmecken, die Kräuter darüberstreuen und mit Reis servieren.

VARIANTE: *Wer nicht so viel für Meeresfrüchte übrig hat, kann anstelle der Brasilianischen Moqueca mit Shrimps auch eine* **Moqueca de Peixe** *zubereiten. Dafür die Shrimps weglassen und stattdessen 400 Gramm* **Fischfilet**, *von den Gräten befreit und in Würfel geschnitten, zusammen mit dem Gemüse in die Tajine geben.*

TIPP: *Gut schmecken zu der Moqueca Petersilie und Koriandergrün, aber Sie können auch jedes andere Kraut Ihrer Wahl verwenden.*

SCHON GEWUSST? *Die Tiefseegarnele kommt aus dem europäischen Nordmeer und wird häufig als Grönland-Shrimp angeboten. Sie wird bis zu 15 Zentimeter lang und direkt nach dem Fang noch auf See abgekocht.*

Seeteufel aus der Tajine

MARINIEREN: 1 STUNDE
VORBEREITUNG: 15 MINUTEN
GARZEIT: 20 MINUTEN
FÜR 4 PERSONEN

Zutaten

600 g Seeteufelfilet
10 kleinere Kartoffeln
2 Knoblauchzehen
1 grüne Paprikaschote
3 EL Olivenöl
10 Kirschtomaten
Salz | Pfeffer, frisch gemahlen
1 Handvoll schwarze Oliven

Für die Marinade (Chermoula)

2 Knoblauchzehen
2 EL Olivenöl
2 TL Harissa
1 kleine Handvoll gehacktes Koriandergrün
Saft von 1 Zitrone
½ TL Salz

Das Fischfilet waschen, trocken tupfen, sorgfältig nach Gräten abtasten und diese mit einer Pinzette herausziehen. Den Fisch in Stücke schneiden und in eine Schüssel geben.

Für die Marinade den Knoblauch schälen und fein hacken und mit allen anderen Zutaten gründlich verrühren. Die Marinade zu dem Seeteufel in die Schüssel geben, die Fischstücke sorgfältig darin wenden und 1 Stunde zugedeckt im Kühlschrank marinieren.

Nach etwa 45 Minuten Marinierzeit die Tajine wässern. Die Kartoffeln schälen und halbieren. Die Knoblauchzehen schälen und klein hacken, die Paprikaschote von Stiel, Samen und Scheidewänden befreien und in Streifen schneiden.

Den Knoblauch in der Tajine in dem Olivenöl bei mittlerer Hitze glasig anschwitzen. Die Kartoffeln, die Kirschtomaten und die Paprikastreifen dazugeben und mit Salz und Pfeffer würzen. Die marinierten Fischstücke und die Oliven auf dem Gemüse verteilen und eine Tasse Wasser (etwa 150 Milliliter) angießen.

Den Deckel aufsetzen, die Dampfsperre mit kaltem Wasser füllen und Gemüse und Seeteufel etwa 20 Minuten dünsten. Dazu passt frisches Weißbrot.

▮ SCHON GEWUSST? *Das feste, mild schmeckende Fleisch des Seeteufels ist ausgesprochen vielseitig einsetzbar und harmoniert hervorragend mit kräftigen Aromen.*

Lachs mit Pfifferlingen in Senf-Zitronen-Sahne

VORBEREITUNG: 30 MINUTEN
GARZEIT: 20–30 MINUTEN
FÜR 4 PERSONEN

Zutaten

2–3 Knoblauchzehen
2 Tomaten
5 Kartoffeln
400 g Pfifferlinge
2 Frühlingszwiebeln
3 EL Olivenöl
2–4 Lachsfilets (etwa 600 g)
Salz | Pfeffer, frisch gemahlen
1 unbehandelte Zitrone
200 ml Sahne
1 EL scharfer Senf
1 kleines Bund Petersilie

Die Tajine wie gewohnt mindestens 10 Minuten wässern. Inzwischen den Knoblauch schälen und fein würfeln. Die Tomaten in Achtel schneiden. Die Kartoffeln schälen und in Scheiben schneiden. Von den Pfifferlingen anhaftenden Schmutz mit einem feuchten Küchenpapier abwischen. Die Frühlingszwiebeln putzen und in Ringe schneiden.

Das Olivenöl in die Tajine geben und den Knoblauch und eine Tomate hinzufügen. Die Kartoffelscheiben mit den Pfifferlingen darüberlegen. Die Lachsfilets abwaschen, trocken tupfen, mit Salz und Pfeffer würzen und auf den Pilzen drapieren. Zum Schluss – als Farbtupfer – die Frühlingszwiebeln und die zweite Tomate darauf verteilen.

Den Deckel auflegen, die Dampfsperre mit kaltem Wasser füllen und Gemüse und Fisch 20–30 Minuten bei mittlerer Hitze garen. Nach etwa 10 Minuten kontrollieren, ob es im Topf dampft, und bei Bedarf etwas Wasser dazugeben.

Von der Zitrone die Schale fein abreiben und den Saft auspressen. Zitronenschale und -saft mit der Sahne und dem Senf verquirlen. Die Petersilie waschen, trocken schütteln, die Blätter von den Stielen zupfen und fein hacken.

Kurz vor Ende der Garzeit die Senf-Zitronen-Sahne über das Gericht gießen und den Deckel noch einmal kurz auflegen, damit die Sauce schön heiß wird. Direkt vor dem Servieren die Petersilie darüberstreuen.

VARIANTE: *Probieren Sie dieses Gericht auch einmal (wie auf dem Foto links) mit* ***Dill*** *anstelle von Petersilie.*

Klippfisch-Tajine mit eingelegter Zitrone

EINWEICHEN: 24 STUNDEN
VORBEREITUNG: 35 MINUTEN
GARZEIT: 30–40 MINUTEN
FÜR 4 PERSONEN

Zutaten

800 g Klippfischfilets
2 mittelgroße Zwiebeln
6 mittelgroße Kartoffeln (vorwiegend festkochend)
je 1 rote und grüne Paprikaschote
1 eingelegte Zitrone (siehe Seite 25)
5 EL Olivenöl
2 Handvoll schwarze Oliven
1–4 kleine Chilischoten (je nach gewünschter Schärfe)
200 ml trockener Weißwein
Pfeffer, frisch gemahlen | Salz
1 Bund Petersilie

Den Klippfisch in vier gleich große Stücke teilen und unter fließend kaltem Wasser abspülen. Für etwa 24 Stunden gut bedeckt in reichlich kaltem Wasser entsalzen. Während des Vorgangs das Wasser mehrmals erneuern.

Die Tajine mindestens 10 Minuten wässern. Inzwischen die Zwiebeln schälen, halbieren und in etwa einen Millimeter dicke halbe Ringe schneiden, die Kartoffeln schälen und in etwa zwei Millimeter dicke Scheiben schneiden. Die rote und die grüne Paprikaschote von Stiel, Samen und Scheidewänden befreien und in Streifen schneiden. Die eingelegte Zitrone in vier bis sechs grobe Stücke zerteilen.

Zwei Esslöffel Olivenöl in die Tajine geben, sodass der Boden gerade bedeckt ist, und bei mittlerer bis hoher Temperatur erhitzen. Die vorbereiteten Zutaten in die Tajine einschichten: zunächst eine Lage Zwiebelringe, darauf eine Lage Kartoffelscheiben, dann zwei Fischfilets (tropfnass!), Paprikastreifen, Zitronenstücke, Oliven und Chilischoten (nach Belieben im Ganzen oder zerkleinert). Mit den Schichten fortfahren, bis alle Zutaten verbraucht sind. Über das Ganze den Weißwein und die restlichen drei Esslöffel Olivenöl verteilen, den Deckel aufsetzen und die Dampfsperre mit kaltem Wasser füllen.

Nach 3 Minuten die Temperatur auf mittlere Hitze drosseln und die Zutaten 30–40 Minuten in der Tajine garen. Am Ende der Garzeit mit frisch gemahlenem Pfeffer würzen, eventuell salzen, aber nur wenig, da der Klippfisch und die Zitronen salzig sind. Die Petersilie waschen, die Blätter abzupfen, klein hacken und über das Gericht streuen. Direkt aus der Tajine servieren.

▮ PASST GUT DAZU: *Zu dieser Tajine schmeckt besonders gut frisches Weißbrot, das man in die Garflüssigkeit tunken kann.*

▮ SCHON GEWUSST? *Klippfisch ist gesalzener, getrockneter und dadurch haltbar gemachter Kabeljau.*

أخبار
توافد القادة العر
يوميات الش
مواقيت الصلاة

Desserts

Triefend vor Honig, karamellisiert, klebrig – eine süße Sünde sind nordafrikanische und türkische Nachspeisen aus dem Ofen. Aber probieren Sie doch auch einmal einen deutschen *Bratapfel,* gefüllt mit Mandeln und Walnüssen, aus dem marokkanischen Tonkochtopf. Oder *Curry-Bananen,* ein in Asien beliebtes Dessert – sie lassen sich ebenfalls in der Tajine schmoren. Oder sollen es doch lieber *flambierte Kochbananen* sein?

Birnen-Feigen-Tajine mit Walnüssen

VORBEREITUNG: 25 MINUTEN
GARZEIT: 15 MINUTEN
FÜR 4 PERSONEN

Zutaten

4–5 reife, aber feste Birnen
1 Handvoll Feigen
1 Handvoll Walnusskerne
1–2 EL Smen
1–3 EL Ahornsirup
1 Vanilleschote
2 EL Orangenblüten- oder Rosenwasser
frische Minzeblätter (nach Belieben)

Die Birnen waschen, vierteln und vom Kerngehäuse befreien. Jedes Viertel noch einmal – je nach Größe der Frucht – halbieren oder vierteln. Die Feigen ebenfalls vierteln oder achteln. Die Walnüsse hacken. Währenddessen die Tajine kurz wässern.

Ein bis zwei Esslöffel Smen in der Tajine bei mittlerer Hitze zerlassen, Ahornsirup hinzufügen und einrühren. Die Vanilleschote längs halbieren, das Mark herausschaben und in die Tajine geben. Birnen, Feigen und Walnüsse hinzufügen und mit Orangenblüten- oder Rosenwasser ablöschen.

Den Deckel auflegen, die Dampfsperre mit kaltem Wasser füllen und das Obst unter gelegentlichem Rühren etwa 15 Minuten dämpfen. Nach Belieben mit Minze garnieren und servieren.

TIPP: *Wer möchte, kann das Dessert mit Sojamilch oder leicht geschlagener Sahne servieren.*
Die zugegebene Menge Ahornsirup kann variieren – je nachdem, wie süß Sie es mögen.

(Foto siehe rechts)

Ananas-Kokos-Tajine mit Haselnüssen

VORBEREITUNG: 20 MINUTEN
GARZEIT: 15 MINUTEN
FÜR 4 PERSONEN

Zutaten

1 kleine oder ½ große reife Ananas
1 Handvoll Haselnusskerne
1 TL Smen
1–3 EL brauner Rohrzucker
(nach Geschmack)
1 EL Kokosraspel
100 ml Kokosmilch
1 Vanilleschote

Die Ananas schälen, längs vierteln und den Strunk in der Mitte herausschneiden. Das Fruchtfleisch würfeln. Die Haselnüsse hacken. Währenddessen die Tajine kurz wässern.

Einen Teelöffel Smen in der Tajine erhitzen, Rohrzucker hinzufügen und unter Rühren bei mittlerer Hitze karamellisieren. Die Ananasstücke, Kokosraspel und Haselnusssplitter hinzugeben und mit Kokosmilch ablöschen. Die Vanilleschote längs spalten, das Mark herauskratzen und ebenfalls hinzufügen. Alles gründlich verrühren.

Den Deckel auflegen, die Dampfsperre mit kaltem Wasser füllen und das Obst unter gelegentlichem Rühren etwa 15 Minuten dünsten. Das Dessert kalt oder warm servieren.

TIPP: *Mir schmeckt es besonders gut ganz heiß mit Schlagsahne.*

Pfirsich-Himbeer-Tajine mit Mandeln

VORBEREITUNG: 15 MINUTEN
GARZEIT: 10 MINUTEN
FÜR 4 PERSONEN

Zutaten

4–5 reife Pfirsiche
1 Handvoll Himbeeren
2 EL Smen
1–3 EL brauner Rohrzucker
3–4 EL gehobelte Mandeln

Die Tajine wässern. Inzwischen die Pfirsiche waschen, halbieren, entsteinen und in kleine Würfel schneiden. Die Himbeeren verlesen.

Die beiden Esslöffel Smen in der Tajine bei mittlerer Hitze zerlassen. Rohrzucker hinzufügen und unter Rühren karamellisieren. Anschließend die Pfirsichstücke, Himbeeren und Mandelblättchen untermischen.

Den Deckel auflegen, die Dampfsperre mit kaltem Wasser füllen und das Obst unter gelegentlichem, vorsichtigem Rühren etwa 10 Minuten dünsten. Kalt oder warm servieren.

TIPP: *Heiß mit Vanilleeis als krönenden Abschluss eines Menüs reichen.*
Die Menge des verwendeten Rohrzuckers hängt ganz vom eigenen Geschmack und der Süße der Früchte ab. Je nachdem schmeckt das Dessert auch ganz ohne zusätzlichen Zucker.

(Foto siehe Seite 178)

Granatapfel-Melonen-Tajine mit Pistazien

VORBEREITUNG: 30 MINUTEN
GARZEIT: 10 MINUTEN
FÜR 4 PERSONEN

Zutaten

1 Granatapfel
1 kleine oder ½ große Honigmelone
1 Handvoll Pistazien (ohne Schale)
2 EL Smen
1–2 EL brauner Rohrzucker

Den Blütenansatz vom Granatapfel herausschneiden und die Frucht in zwei Hälften brechen. Über einer Schüssel die Kerne herauslösen und den Saft dabei auffangen. Die weißen Stückchen der Trennwände sorgfältig aussortieren, denn sie sind hart und bitter. Die Tajine wässern. Die kleine Honigmelone halbieren und die Kerne herausschaben. Das Fruchtfleisch schälen und klein würfeln. Die Pistazien hacken.

Das Fett in der Tajine bei mittlerer Hitze zerlassen, den Rohrzucker hinzufügen und unter Rühren karamellisieren. Anschließend Honigmelone und Pistazien dazugeben.

Alles bei aufgelegtem Deckel und mit Wasser gefüllter Dampfsperre unter gelegentlichem Rühren etwa 10 Minuten dünsten. Kurz vor Ende der Garzeit die Granatapfelkerne darüberstreuen. Das Dessert kalt oder warm servieren.

VARIANTE: *Das Dessert können Sie nach Belieben mit 150 Milliliter* ***Kokosmilch*** *oder flüssiger* ***Sahne*** *verfeinern. Diese mit den Granatapfelkernen kurz vor Ende der Garzeit über der Melone verteilen und kurz erwärmen.*

(Foto siehe links)

Käsekuchen ohne Boden

VORBEREITUNG: 20 MINUTEN
GARZEIT: 1 STUNDE
FÜR 4–6 PERSONEN

Zutaten

Für den Kuchen

500 g Magerquark
30 g flüssige Butter
110 g Zucker
2 Eier
1 EL Grieß

Für die Streusel

70 g Mehl
35 g Zucker
35 g Butter

Den Tajineboden mindestens 10 Minuten wässern. Inzwischen den Quark mit der flüssigen Butter und dem Zucker cremig rühren. Die Eier nacheinander gut unterschlagen und den Grieß unterrühren.

Für die Streusel das Mehl, den Zucker und die Butter mit den Fingerspitzen zerreiben, sodass krümelige Streusel entstehen.

Die Quarkmasse in die gewässerte Tajine geben und die Streusel darauf verteilen. Den Käsekuchen im Ofen bei 180 °C ohne Deckel 1 Stunde backen.

Früchte-Tajine

VORBEREITUNG: 35 MINUTEN
GARZEIT: 10–15 MINUTEN
FÜR 4 PERSONEN

Zutaten

3 Orangen
3 Bananen
1 Mango
3 Äpfel
1 große Handvoll Trockenfrüchte (beispielsweise Datteln, Feigen, Aprikosen)
1 EL Erdnussöl
3 EL Rosinen
50 g Mandelsplitter
2 EL Kokosraspel
100 ml Kokosmilch
Vanilleeis oder Schlagsahne zum Servieren

Die Tajine wie gewohnt mindestens 10 Minuten wässern und dann innen mit Erdnussöl einreiben. Während die Tajine wässert, die Orangen, Bananen und Mango schälen und von der Mango den Stein entfernen. Die ungeschälten Äpfel halbieren und das Kerngehäuse herausschneiden. Sämtliche Obstsorten in mundgerechte Stücke schneiden. Die Trockenfrüchte grob hacken.

Das Obst mit den gehackten Trockenfrüchten mischen und in die geölte Tajine geben. Die Rosinen, Mandelsplitter und Kokosraspel darüberstreuen und mit der Kokosmilch übergießen.

Den Deckel auflegen, die Dampfsperre mit kaltem Wasser füllen und das Obst 5 Minuten bei starker Hitze und weitere 5–10 Minuten bei mittlerer Hitze dünsten. Mit Vanilleeis oder Schlagsahne servieren.

(Foto siehe links)

Röstkastanien aus dem Lehmtopf

VORBEREITUNG: 15 MINUTEN
GARZEIT: 20–30 MINUTEN
FÜR 2 PERSONEN

Zutaten

1–2 Handvoll Maronen

Die Tajine mindestens 10 Minuten wässern. Inzwischen die Maronen auf der runden Unterseite mit einem scharfen, kleinen Messer kreuzweise einritzen.

Die Kastanien in die Tajine geben, den Deckel auflegen und die Dampfsperre mit kaltem Wasser füllen. Dann den Topf auf den Herd stellen und die Maronen bei starker Hitze 20–30 Minuten rösten. Dabei hin und wieder die Tajine rütteln, damit die Maroni gleichmäßig garen.

▮ SCHON GEWUSST? *Essbare Kastanien bezeichnet man als Edelkastanien, Maronen und Esskastanien. Die herzförmigen Maronen schmecken leicht sahnig und kräftig. Sie lassen sich leichter schälen als die kleineren, runderen Esskastanien, die nicht ganz so fein schmecken.*

(Foto siehe links)

Heiße Pflaumen mit Streuseln

VORBEREITUNG: 30 MINUTEN
GARZEIT: 1 STUNDE
FÜR 4 PERSONEN

Zutaten

1 kg Pflaumen
3 EL Zucker
½ TL Zimt
50 g gehackte Mandeln

Für die Streusel

50 g Mehl
25 g Zucker
30 g Butter

Die Tajine wässern. Inzwischen die Pflaumen waschen, halbieren, entsteinen und jede Hälfte noch einmal längs durchschneiden.

Die Pflaumen in die gewässerte Tajine geben. Den Zucker mit dem Zimt mischen und zusammen mit den Mandeln über die Pflaumen streuen.

Für die Streusel Mehl, Zucker und Butter mit den Händen mischen und auf den Pflaumen verteilen. Das Dessert bei 180 °C im Ofen ohne Deckel 1 Stunde backen.

▮ PASST GUT DAZU: *Servieren Sie Vanilleeis oder -sauce, Sahne oder Joghurt dazu.*

Flambierte Bananen

VORBEREITUNG: 10 MINUTEN
GARZEIT: 10 MINUTEN
FÜR 4 PERSONEN

Zutaten

3 Kochbananen
(ersatzweise reife, feste Bananen)
3 EL Erdnussöl oder Smen
1 EL geriebene Schokolade
4 EL Rum (54 %)

Die Tajine wie gewohnt wässern. Währenddessen die Bananen schälen, längs halbieren oder nach Wunsch auch in Scheiben schneiden.

Das Erdnussöl oder Smen in der Tajine erhitzen, die Bananen dazugeben und 4–5 Minuten auf jeder Seite bei mittlerer Hitze anbraten.

Dann die geriebene Schokolade über die Bananen streuen, diese mit dem Rum übergießen, mit dem Streichholz anzünden und sofort servieren.

(Foto siehe links)

Curry-Bananen

VORBEREITUNG: 15 MINUTEN
GARZEIT: 15 MINUTEN
FÜR 3 PERSONEN

Zutaten

3 Kochbananen
(ersatzweise reife, feste Bananen)
2 EL neutrales Pflanzenöl oder Smen
50–100 ml Sahne oder Sojamilch
½ TL mildes Currypulver
1 Msp. gemahlener Zimt
1 Msp. Vanille
1 EL Agavendicksaft
2 EL Rum oder Cognac (nach Belieben)

Die Tajine etwa 10 Minuten wässern. Inzwischen die Bananen schälen und längs halbieren oder bei Bedarf auch in Scheiben schneiden.

Öl oder Smen in der Tajine erhitzen und die Bananen hineingeben. Die Sahne oder Sojamilch darübergießen und die Gewürze darüberstauben. Den Agavendicksaft dazugeben, nach Wunsch den Rum oder Cognac zugießen und die Bananen mit aufgelegtem Deckel und gefüllter Dampfsperre bei mittlerer bis starker Hitze in etwa 15 Minuten glasig dünsten.

VARIANTE: *Anstelle von Vanille und gemahlenem Zimt können Sie in der Adventszeit auch* ***Lebkuchengewürz*** *über die Bananen stauben.*

Apfelreis mit Honig

VORBEREITUNG: 15 MINUTEN
GARZEIT: 40 MINUTEN
FÜR 4 PERSONEN

Zutaten

500 g Äpfel
150 g Rundkornreis
1 EL Butter
abgeriebene Schale von
1 unbehandelten Zitrone
1 Prise Meersalz
2 EL Akazienhonig
Zimt zum Servieren

Die Tajine mindestens 10 Minuten wässern. Inzwischen die Äpfel schälen, vierteln, vom Kerngehäuse befreien und in Scheiben schneiden. Den Reis waschen und mit den Äpfeln, 400 Milliliter Wasser, der Butter, der Zitronenschale, der Prise Meersalz und einem Esslöffel Honig in die Tajine geben.

Den Deckel auflegen und die Dampfsperre mit kaltem Wasser füllen. Das Wasser in der Tajine bei starker Hitze aufkochen und dann alles bei mittlerer bis schwacher Hitze etwa 40 Minuten zugedeckt köcheln lassen. Zwischendurch einmal prüfen, ob noch genügend Flüssigkeit in der Tajine ist, und bei Bedarf etwas Wasser zugießen.

Wenn der Reis schön weich ist, vorsichtig umrühren, mit dem restlichen Honig verfeinern und mit Zimt bestreut servieren.

Bratäpfel aus der Tajine

VORBEREITUNG: 15 MINUTEN
GARZEIT: 15–20 MINUTEN
FÜR 4 PERSONEN

Zutaten

3 EL Smen | 4 große säuerliche Äpfel (beispielsweise Boskop)
2–3 EL gehackte Mandeln
2–3 EL gehackte Walnüsse
1 Handvoll Rosinen
1 EL Orangenblütenwasser oder Agavendicksaft
Vanille | gemahlener Zimt | 4 EL Calvados oder Rum (54 %; nach Belieben)

Die Tajine kurz mit Wasser abspülen, auf den Herd stellen und mit zwei Esslöffeln Smen bei mittlerer Hitze erwärmen. Währenddessen die Kerngehäuse von den Äpfeln mit einem Apfelausstecher entfernen. Die Mandeln und Walnüsse mischen und die Äpfel damit füllen.

Die Äpfel in die Tajine setzen und die Rosinen um sie herum arrangieren. Zuerst die Äpfel mit Agavendicksaft oder Orangenblütenwasser beträufeln und dann mit etwas Vanille und Zimt würzen. Kleine Flocken Smen auf den Äpfeln verteilen und eine halbe Tasse Wasser angießen.

Den Deckel auflegen, die Dampfsperre mit kaltem Wasser füllen und die Äpfel in etwa 15 Minuten bei mittlerer Hitze weich dämpfen – eventuell kann dies auch etwas länger dauern. Nach Belieben zum Servieren die Äpfel mit Calvados oder Rum übergießen, anzünden und flambieren.

VARIANTEN: *Man kann um die Äpfel herum auch* ***Trockenpflaumen, Datteln*** *oder* ***Feigen*** *– oder alles gemischt – legen.*
Wenn Sie Ihre Bratäpfel für Erwachsene zubereiten, können Sie anstelle des Wassers auch eine halbe Tasse ***Weißwein*** *angießen.*

Glossar

Chermoula: Marokkanische Würzpaste, für die es viele unterschiedliche Rezepte gibt. Sie wird für warme und auch kalte Speisen verwendet (siehe Seite 22).

Couscous: Dieser körnige Weizengrieß ist unverzichtbar in der marokkanischen Küche. Es gibt ihn fein, mittel, grob und auch als Instantprodukt mit sehr kurzer Garzeit.

Dattel: Die nährstoffreiche, köstliche Frucht ist in der marokkanischen Küche tief verwurzelt. Sie bereichert nicht nur Desserts, sondern auch Fleisch- oder Fischgerichte.

Granatapfel: Runde Frucht mit harter Schale, unter der sich von weißen Trennwänden umhüllte, granatrote Kerne verbergen. Die Kerne schmecken für sich fein säuerlich aromatisch, aber sie sind auch köstlich in Fleischgerichten und Salaten. Die weißen Trennwände der Samenkammern müssen entfernt werden, da sie hart und bitter sind.

Harissa: Die feurige Gewürzmischung aus getrockneten Chilischoten, Paprikapulver, Kreuzkümmel, Koriandersamen und Knoblauch, in Wasser oder Olivenöl angerührt, wird zu fast jedem Essen gereicht oder auch als Marinade für Fleisch- und Fischgerichte verwendet. Harissa gibt es als Paste im Glas oder als Gewürzmischung, die man nach Belieben mit Öl anrühren oder einfach so über ein Gericht streuen kann.

Kichererbsen: Sie sind unentbehrlich in der orientalischen Küche. Die getrockneten Hülsenfrüchte müssen vor der Verarbeitung mindestens 12 Stunden eingeweicht werden.

Koriandergrün: Ein im Orient beliebtes Gewürzkraut. Es schmeckt sehr intensiv und verleiht vielen Gerichten seine typische Note.

Koriandersamen: Sie schmecken nicht ganz so intensiv wie das frische Kraut und werden vor der Verwendung entweder gemahlen oder im Mörser zerstoßen.

M'hammar: Rote Sauce aus Butter, Paprikapulver, Knoblauch, Safran, Ingwer und Zwiebeln in der nahezu unzählige Kombinationen von Fleisch, Fisch oder Gemüse gekocht werden.

Moqueca: Gerichte indianischen Ursprungs, die von Afrikanern in Brasilien übernommen wurden.

Orangenblütenwasser: Dieses aus den duftenden Blüten der bitteren Pomeranze destillierte Wasser verleiht in ganz Marokko Kuchen, Desserts und Getränken sein Aroma.

Ras el Hanout: Typisch marokkanische Gewürzmischung, die häufig aus zwölf oder mehr Gewürzen besteht. Man bekommt sie im gut sortierten Gewürzhandel oder im Internet. Wie man sie selber herstellen kann, lesen Sie auf Seite 22.

Rosenwasser: Es fällt als Nebenprodukt bei der Destillation von Rosenöl aus Rosenblüten an und wird zum Aromatisieren von Speisen unter anderem in der arabischen und indischen Küche verwendet.

Safran: Das wohl teuerste Gewürz überhaupt, das Gerichten eine kräftig gelbe Farbe und sein typisches Aroma verleiht. Die Fäden werden vor der Verwendung in wenig warmem Wasser eingeweicht.

Smen: Geklärte Butter, häufig mit Salz und getrockneten Kräutern aromatisiert und in einem Tontopf gereift. Sie ist mehrere Monate haltbar. Ein Ersatz ist Butterschmalz.

Zhug: Scharfe jemenitische Gewürzmischung aus Chilischoten, Knoblauch und Kardamom, der je nach Hersteller noch Gewürze wie Koriander oder Kreuzkümmel hinzugefügt werden.

Dank

An allererster Stelle möchte ich mich bei Florentine Schwabbauer bedanken, die dieses Projekt in Bewegung gebracht hat. Bei Oswald Baumeister für seine Geduld und Erfahrungen beim Fotografieren und bei Anja Ashauer-Schupp – ohne sie wären die ganzen Texte und Rezepte niemals so schön geworden.

Ein großer Dank geht auch an Harald Häsler und Pascal Czernik, die mich bei der Entwicklung des Buchs so toll unterstützt haben.

Außerdem wäre dieses ganze Buch mit seinen vielen Rezepten nie entstanden, wenn mir nicht einige Menschen die Tricks und Möglichkeiten in der Küche verraten hätten. Tausend Dank auch an meine Mutter und Petra Vollmer, Martina Endraß, Sonja Peter, Lisa Raabe, Bianca Pfeifer, Ismael Kamara, Salah el Quafai & Keltum, Peter Keh & Neija, Lua Santana, Dodo Liadé, Heike Agthe, Lisa Hassan & Helfried Harzbecker, Aziz Rahimi, Stefanie Bangoura, Margot Botz und Ingo & Martina Laupheimer.

Und last, aber eindeutig not least, geht an meine ganzen Freunde, die mich über die vielen Jahre unterstützt haben, ein riesengroßes Dankeschön – eigentlich konnte ich mir nur ihretwegen so viel Wissen über die Tajine aneignen: Frank Walter, Stefen M. Schrap, Paul Rainer Schmid, Andreas Gottuso, Burkhard Osterloh mit seiner ganzen Familie, Antonius Conte, Norbert Schmid, Willi Hartmann, Andreas Dietrich, Angelika Steber, Anna Brandelik, Julia Wandrey, Christine Thums, Petra Pfäffli, Alicia Evans, Julia Windmaißer, Samuel Lefévre, Manuela Plohs, Trixie Budde, Wolfgang Nürbauer und Alexander Veit.

Jochen Walter

Für Accessoires zum Fotografieren bedanken sich der Fotograf und der Autor bei:

Caravanserai
Antikes aus dem Orient
Isabellastraße 6
80798 München
Tel. +49 (0)89 / 2 73 13 40
www.caravanserai.de

Rosenrot
Kunsthandwerk aus Marokko
Karolingerstraße 10
82205 Gilching
Tel. +49 (0)8105 / 77 70 38
www.rosenrot-gilching.de

Kokon GmbH
Kunsthandwerk International
Lenbachplatz 3
80333 München
Tel. +49 (0)89 / 55 25 14-0
www.kokon.com

Bezugsquellen

Ali Baba Tajine
Naturbelassene Lehmkochtöpfe
Am Weidenbach 30
88299 Ausnang im Allgäu
Tel. +49 (0)7561 / 7 03 88
www.tajine.de

Naturkraftwerke
Naturprodukte und
biologische Lebensmittel
Gibelstraße 11
CH-8607 Aathal-Seegräben
Tel. +41- (0)44 / 9 72 27 77
www.naturkraftwerke.com

Afrika Laden
Afrikanische Gewürze
Mühlstraße 14
82131 Gauting
Tel. +49 (0)89 / 72 48 89 52
www.afrika-laden.de

In gleicher Reihe erschienen...

ISBN 978-3-88472-791-1

ISBN 978-3-88472-938-0

ISBN 978-3-88472-887-1

ISBN 978-3-88472-888-8

ISBN 978-3-88472-712-6

ISBN 978-3-88472-975-5